김박의 커피다이제스트 ③

브루잉

글/그림 김혜숙

SEOUL COMMUNE

프롤로그

예전에 비해 커피의 품질이 많이 좋아지고 있다. 품종도 다양해지고 볶는 방법도 여러 가지가 시도된다. 이렇게 다양한 재료를 단순한 방법으로 추출해서는 맛을 살리기 어렵다. 어떨 때는 좋은 커피에 대해 미안하다는 생각을 하게 된다. 최근에는 허니프로세싱, 무산소발효 등 가공 방법도 다양하게 개발되고 있다. 재료가 다양해짐에 따라 추출 방법도 다양해져야 하지 않을까? 이런 생각으로 이 책을 쓰게 되었다. 따라서 이 책에서는 정답을 제시하진 않는다. 여러 방법을 제시할 뿐이다.

커피 추출의 원리는 커피를 볶는 원리보다 단순하다. 그러나 그 단순한 원리의 깊이를 보면 결코 얕지 않다.

여기에서는 일반인들과 초보자에게 추출의 원리를 설명하고자 한다. 이 책을 통해 추출하면서 원리를 상상하고 구현하길 바란다. 그것은 또 하나의 리얼리티이자 아트워크이다. 무엇보다 깊이 다가갈수록 흥미롭고 즐겁다.

이 책은 기준을 이해하고 나에게 맞는 커피를 추출하도록 길을 안내할 것이다. 순서대로 읽지 않고 필요한 항목을 읽어도 좋다.

책의 구성은 총 4부로 구성되었다. 1부는 추출에 필요한 배경지식에 대한 내용이고, 2부에서는 추출에 필요한 기본지식을 설명하였다. 3부는 추출을 처음 하는 입문자들을 위하여 실습을 어떻게 하면 좋을지에 대한 설명이다. 마지막 4부에서는 다음 단계로 나아가기 위한 훈련 방법에 대해 살펴보았다. 부록에는 커피에 대한 속설을 풀어보았다.

바쁜 일정에도 책에 대한 리뷰를 해준 전주 '길 위의 커피' 최윤진 대표, 강릉 '신사, 숙녀와 작은 개' 김가영 대표, 천안 '오월의 숲' 이선명 대표에게 감사드린다. 함께 하며 조언을 아끼지 않은 남편에게 늘 고마운 마음이다. 마지막으로 편집과 출간에 도움을 주신 서울꼬뮨 관계자들께 감사의 인사를 드린다.

김혜숙

목 차

1부 intro-커피를 추출하기 전에

2부 기본지식

3부 실습하기

4부 실습-훈련방법

부록 부록

못다한 이야기-커피에 관한 속설들

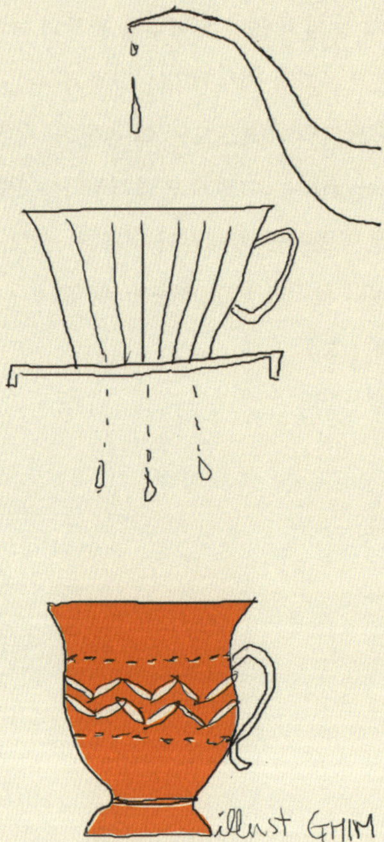
illust GHIM

1부

intro

커피를 추출하기 전에

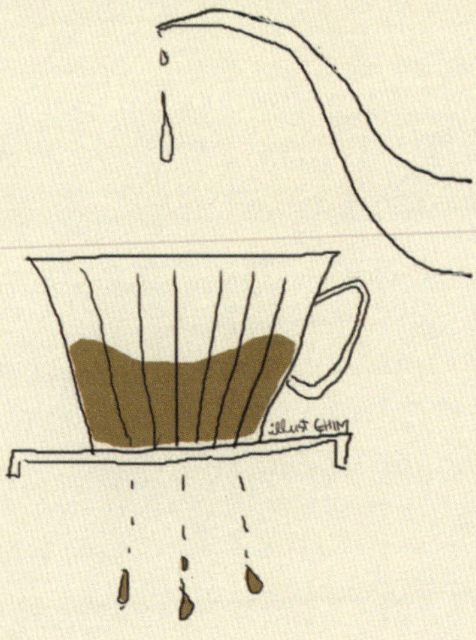

커피는 볶은커피(원두)를 분쇄하여 물에 우려 먹는 음료이다. 재료의 형태는 다르지만, 녹차나 홍차와 같은 잎차 종류도 물과의 접촉을 거쳐 우려서 마신다. 잎차는 주로 침출에 의해 우리는 반면, 커피는 침출을 비롯하여 끓이는 방법, 중력을 이용한 투과법, 압력을 이용한 방법, 찬물을 이용한 추출법 등이 다양하게 적용되고 있다. 여기에서 소개하고자 하는 추출법은 그 중에서도 손으로 추출하는 브루잉(핸드드립) 기술에 대한 이야기이다.

1. 배경지식이 필요하다

커피를 추출하는 것은 요리보다 어렵지 않다. 준비해야 하는 재료의 종류나 손질과정, 조리과정 면에서 그렇다. 요리와 비슷한 부분은 추출할 도구와 재료, 그리고 조리법(레시피) 정도이다. 커피음료 제조가 손쉬워 보이는 것은 요리에 비해 재료가 단순하고 제조과정도 단순하기 때문이다. 간혹 첨가물이 필요한 경우도 있지만, 그래도 요리보다는 간단하다. 심지어 조리를 위해 저어줄 필요도 없다. 오로지 주입되는 물의 온도나 시간, 압력 등이 관건이다.

그럼에도 불구하고 커피추출은 누구나 손쉽게 할 수 있는 일은 아니다. 맛있는 커피를 전제로 하면 더욱 그렇다. 쉬운데 마음대로 안 되는 게 커피맛이다. 커피를 오래 한 전문가들조차 그 변화무쌍함에 혀를 내두르게 된다. 그 이유는 뭘까? 오로지 주전자의 물줄기로만 맛을 내야 하기 때문은 아닐까? 요리는 재료의 맛에 양념의 맛을 더해 완성된다. 재료의 맛만으로 요리를 하는 것은 어렵다. 커피는 재료만으로 각각의 개성과 향미를 살려내야 하는 영역이다.

커피를 추출해보지 않은 사람은 모른다. 추출하는 사람

에 의해 커피의 향미가 다를 수 있다는 것을 말이다. 그래서 해봐야 한다. 같은 커피를 여러 사람들이 추출한 후, 무엇이 느껴지는지 맛으로 확인해본다. 가장 크게 다르게 나타나는 것은 농도 차이이다. 다음으로 확인할 것은 잡맛의 추출 여부이다. 잡맛은 추출 후반에 나온다고 일반적으로 알고 있지만 반드시 그런 것은 아니다. 추출 초반에도 나올 수 있다. 추출에서 잡맛이 나올 때 수정하는 방법은 3부 실습하기를 참고하기 바란다.

맛을 내기 위해 중요한 것은 재료 선정이다. 커피 추출에 필요한 재료는 볶은커피이다. 커피는 볶음정도에 따라 향과 맛이 다르다. 커피의 맛과 향을 색으로만 구분하기는 어렵다. 왜냐하면 커피콩의 색이 비슷하더라도 커피의 물질은 다를 수 있기 때문이다. 또한 대륙이나 지역에 따라 향미가 다를 수 있다. 같은 재료일지라도 가공 방식이나 건조방법에 따라 달라지기도 한다. 우리가 늘 먹고 있는 쌀이 지역과 품종, 곤리상태에 따라 특징이 다른 것과 같다.

일반적으로 기술의 원리는 단순한 경우가 많다. 모를 때는 어려워도 알면 이해가 된다. 원리를 이해하면 기술은 몸으로 익히면 된다. 재료를 고를 때 커피에 대한 배경지식이 있다면 선택하기 쉽다. 또한 발견하지 못한 것들도 받아들이고 어렵지 않게 이해할 수 있다. 커피를 추출하기에 앞서 커피에 대한 정보가 필요하다고 말하는 것은 이 때문이다.

1.1 어떤 콩이 맛이 있을까

어떤 커피콩을 골라야 할까? 고민이 된다. 많고 많은 커피 중에서 맛있는 커피, 나에게 맞는 커피를 고르기란 쉬운 일이 아니다. 산지에서는 커피농장주의 노력으로 품질이 다양해지고 있다. 더불어 가격도 높아지고 있다. 과거의 경우 산지에 대한 정보는 나라와 지역 정도였지만 현재는 농장 규모, 위치, 농장주 등에 관한 자세한 정보를 커피와 함께 제공하기도 한다.

커피의 수요가 증가하고 소비자들의 입맛이 고급화됨에 따라 원재료인 생두는 더욱 다양하게 개발되고, 볶음정도 역시 세분화되고 있다. 어느덧 소비자들도 골라 먹는 재미와 행복에 익숙해져 있다. 사실 이런 즐거움은 커피를 조금 아는 사람들의 이야기이다. 커피를 잘 모르는 입장에서는 혼란스럽다. 그렇다면 어떤 커피가 맛이 있을까.

맛을 말하기 전에 가격 면에서 조금만 살펴보자. 품질이 좋은 커피는 가격도 높다. 수요보다 공급이 적을 때 가격이 올라가는 경제논리로만 생각하면 비싼 커피가 반드시 좋은 것만은 아니다. 그럼에도 불구하고 품질이 좋은 커피는 가격이 높다. 그만큼 열매를 관리하고 수확과 가공에 공을 들이기 때문이다. 사실 좋은 품질을 알아볼 수 있는 방법은 특별한 것이 아니다. 많이 마셔보고 다양하게 구매해보자. 경험이 쌓이면 좋은 커피를 만날 기회도 많아지지 않을까.

'맛있는 커피'라는 의미는 전문가와 소비자가 다를 수 있다. 소비자였을 때는 늘 마시던 커피가 편안하고 맛있게 느껴졌다. 그러다가 우연히 맛있는 커피를 접하게 되고 연속해서 마실 기회가 주어졌다. 예전에 마셨던 커피를 다시 마셨을 때 어떻게 느껴질까. '맛있다'는 각자의 경험에 의해 다르게 느낄 수 있고, 세월의 흐름에 따라서도, 나아가 그 날 그 날, 그 때 그 순간의 기분에 따라서도 달라질 수 있다. 결국 맛있는 커피는 향이 다양하면서 맛과의 밸런스가 좋은 커피, 결점 요소가 없는 커피라고 말하고 싶다. 개인적인 취향을 덧붙이면 감칠맛과 청량감을 줄 수 있는 신맛이 적당히 있는 커피가 맛있다. 마치 종합선물세트를 받는 느낌의 커피랄까?

커피는 대부분이 극소량이지만 다양한 향을 함유하고 있고 여기에 맛을 더한다. 사실 커피의 향을 부정적으로 받아들이는 사람은 별로 없다.

그러나 커피의 신맛에 대한 선호는 호불호가 나뉜다. 신맛은 뇌가 자극되는 생동감을 줄 수 있다. 일교차가 큰 지역의 커피들은 대체로 신맛을 가지고 있다. 고지대 커피는 날씨가 주야로 변화한다. 기후 변화가 많을수록 열매가 단단해지고 신맛이 형성된다. 마치 고랭지 배추를 연상하면 이해하기 쉽다. 고랭지에서 재배된 배추는 단단하고 단맛과 신맛이 좋다. 그래서 저장용 김치를 만들 때 좋은 재료가 된다. 커피도 마찬가지이다. 다소 불리한 기후 조건을 견뎌낸 식물이 좋은 환경에서 재배된 것보다 향미가 더 강하게 나타난다.

커피의 신맛은 볶을 때의 열공급 방법에 따라, 볶음정도와 시간에 따라 다르게 발현된다. 로스팅에서 신맛의 형성과정은 커피의 완성도와 맛에 중요한 영향을 미친다. 개인적으로 신맛이 없는 커피는 '팥 없는 찐빵'같은 느낌이라고 말하고 싶다. 재료로 생두의 품질은 신맛이 있는 것이 좋다. 향의 발현에도 영향을 미치기 때문이다. 커피를 볶을 때 강한 신맛을 어떻게 고급지고 균형 있게 발현시키느냐가 관건이다. 신맛이 너무 강조된 커피는 거북하다. 볶는 사람이나 구매하는 사람이나 커피의 신맛은 조심스럽다.

1.2 커피의 향과 맛이 다른 이유가 뭘까

커피의 향과 맛이 커피마다 다른 이유는 크게 두 가지이다. 하나는 식물이 자라는 과정에서 만들어지는 물질들의 차이이고, 다른 하나는 재배과정에서 만들어진 성분의 차이이다. 이 성분들이 볶는 과정에서의 열작용으로 인해 새로운 화합물로 재구성되는 것이다. 커피콩의 색도 갈색에서 점진적으로 진한 갈색으로 변한다. 이 과정에서 커피의 물질들은 화학반응을 일으키게 되고, 열분해 및 합성을 통해 향미물질로 발현된다.

커피를 볶는 일(로스팅)은 대단히 과학적인 동시에 감각적이다. 콩의 정확한 온도를 알 수 없기 때문에 볶을 때마다 같은 결과물을 만들기가 쉽지 않다. 실제로 볶음정도에 따라 커피의 향미는 크게 달라진다. 약하게 볶은 것과 강하게 볶은 것은 맛과 향이 전혀 다른 커피가 되기도 한다.

로스팅에서 커피의 향과 맛을 좌우하는 가장 큰 요인은 열량이다. 따라서 열을 제어하는 방법에 따라 다양한 커피가 만들어진다. 커피의 대표적인 맛은 신맛과 쓴맛이다. 반면에 커피향은 800여 종이 만들어진다. 커피를 볶는 과정에서 어떤 종류의 물질이 어떤 향을 만들어내는지에 대한 정보는 학계의 논문을 참고하면 된다. 그러나 향기성분과 물질에 대해서는 아직 파악되지 않은 것이 더 많다. 또한 향은 양에 따라 인지되는 냄새 종류도 달라지기 때문에 실험이 쉽지 않다.

향의 양은 일반적으로 0.01%에 불과하다. 한 잔의 커피에서 커피물질은 많아야 1.3% 정도이고, 향은 커피입자보다 훨씬 미량이다. 이 때문에 그 양의 변화를 인지하거나 구별하기부터가 쉽지 않고, 볶기를 통해 발현하기는 더욱 어렵다. 그러다보니 추출을 통해 미세한 향미의 변화를 감안하고 표현하는 것 역시 쉽지 않은 일인 것이다.

1.3 볶음정도는 무엇이 다른가

사람마다 좋아하는 향이 있고 맛이 있다. 같은 생두라도 향과 맛을 어떻게 발현시키느냐에 따라 커피의 향미는 현격하게 달라진다. 이는 커피를 볶는 사람의 취향이나 목표에 따라 맛과 향이 다른 커피가 된다는 뜻이기도 하다. 볶음정도는 크게 약볶음, 중볶음, 강볶음이 있다. 약볶음과 강볶음은 중볶음에 비해 범위가 넓다. 세 가지 볶음도 중 가장 범위가 넓은 것은 강볶음이다. 볶음정도의 다름은 향미의 변화로 알 수 있다.

우선 신맛은 강하게 발현되면서 강볶음으로 진행될수록 사라진다. 쓴맛은 대체적으로 약하게 발현되기 시작하여 강볶음으로 진행될수록 강하게 나타난다. 약볶음에서 향은 주로 에스테르 계열의 과일향들이 많이 발산된다. 이 때 신향도 같이 만들어진다. 중볶음에서는 건과일과 꽃향기들이 만들어지는데, 약볶음의 향들보다 조금 더 무겁게 느껴지기도 한다. 강볶음에서는 초콜렛향과 같은 피라진계열과 황화합물에 의한 향들이 발현된다.

각각의 볶음도에서 나타나는 대표적인 향미들은 일반적인 예로 제시된다. 때로는 서로 중복되거나 겹쳐져서 발현되기도 한다. 열공급 방법이 다르면 향미도 다르게 나타나기 때문이다. 또한 열공급 방법이 다르면 향의 강도도 달라질 수 있다. 같은 볶음이라 하더라도 사람마다 강도를 비롯하여 맛과 향의 차이가 있을 수 있다. 때문에 볶은 커피를 직접 체험하지 않고는 정확하게 알 수 없다. 직접 경험해보고 나와 맞는 커피를 찾아야 한다.

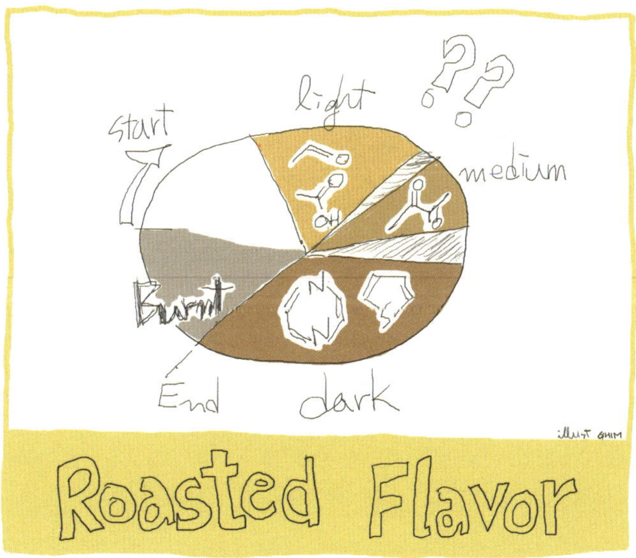

볶음정도에 따라 또 달라지는 것이 수율이다. 수율은 약볶음의 커피가 강볶음의 커피보다 낮게 나타난다. 강볶음의 경우 약볶음보다 더 높은 온도에서 진행된다. 수율이 다른 이유는 커피 내부의 기공 크기의 차이와 함께 물질을 녹여내는 온도가 달라지기 때문일 것이라고 추측된다. 그러나 정확히 왜 그런 것인지 밝힌 이론을 아직 찾지 못했다. 만약 볶음정도가 다른 여러 커피를 같은 농도로 추출한다고 가정해보자. 커피마다 수율이 다르므로 농도를 맞추기 위해 사용량을 조정해야 할 것이다.

커피를 추출하기 위해 재료를 선택할 때는 로스팅의 정보가 필요하다. 추출하는 사람의 경우 누가, 어떻게 로스팅한 커피인지는 정확하게 몰라도 된다. 그러나 적어도 로스팅에 의해 무엇이 달라지는지 정도는 알 필요가 있다. 각각의 특징이 무엇인지 알아야 나에게 맞는 커피를 찾을 수 있고, 추출도 그에 맞춰 잘 할 수 있기 때문이다. 같은 약볶음이라도 발현되는 향미의 강도와 종류가 달라질 수 있다는 사실만으로도 호기심을 자극하는 동시에 마시고 싶어지는 이유가 되지 않을까.

1.4 커피포장의 무엇을 보고 골라야 할까

커피판매대의 포장지에는 정보가 많다. 유통기한은 물론이고 산지 이름, 등급, 지역정보, 농장정보, 가공처리장 정보, 맛과 향, 볶은 날짜 등이 제시되어 있다. 마트에서 유통, 판매하거나 로스팅 공장에서 제조하고 포장할 때 꼭 표시되어야 하는 정보가 있다. 어떤 커피가게의 경우에는 더욱 구체적인 정보를 추가하기도 한다.

커피가 다양하게 진열되어 있는 판매대에서 무엇을 보고 구매할 지 요령을 알아보자. 가장 먼저 확인할 부분은 커피를 볶은 날짜이다. 볶은 날을 확인하는 이유는 구매할 양을 정하기 위해서이다. 언제부터, 얼마동안 마실 것인가에 따라 구매량이 달라진다.

반드시 갓 볶은 커피를 구매해야 한다는 법칙은 없다. 왜냐하면 커피는 볶는 방법에 따라 상미기간(맛과 향을 유지하는 기간)이 달라질 수 있기 때문이다. 갓 볶은 커피가 맛있을 수도 있고, 3일, 1주일, 2주일이 지나야 맛과 향이 좋은 커피들도 있다. 커피를 볶아 판매하는 집마다 다를 수 있기 때문에 정보를 수집하거나 직접적인 경험을 통하여 확인하는 것이 좋다.

두 번째로 확인할 내용은 지역에 대한 정보이다. 지역정보는 대륙, 국가, 지역, 농장 혹은 가공시설, 고도 등이다. 국가 이름이나 지역명은 해당 지역의 기후와 토질, 재배여건 등 환경조건을 알 수 있는 정보이다. 환경조건은 고도와 더불어 커피열매의 구성물질을 좌우하는 요소이다. 재배되는 자연 상태에서 생성되는 물질은 커피의 맛과 향을 다르게 만들 수 있다. 예를 들면 낮과 밤의 기온 차이가 크면 열매는 더욱 단단해진다. 해충이 많은 지역이라면 방어물질이 많이 분비된다. 인간은 동물과 달리 방어물질이 많은 열매를 더 맛있게 느낀다. 그 이유는 뭘까.

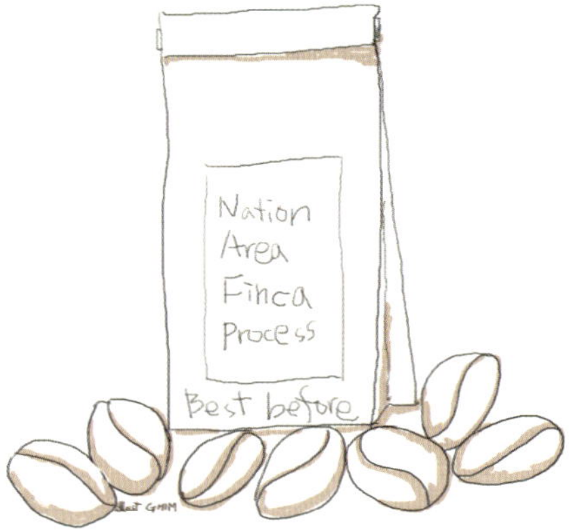

세 번째는 가공방식이다. 열매를 수확한 후 어떤 가공을 거치느냐에 따라 향이 달라진다. 향이 달라지면 맛도 다르게 느껴진다. 일반적으로 가공방식은 열매를 고추 말리듯이 말리는 자연가공 방식과 과육을 벗긴 후 씨를 감싸고 있는 점액질(musilage) 상태로 물에서 발효과정을 거쳐 벗겨내는 수세식 방법이 있다. 추가로 점액질이 있는 상태에서 자연에 말리는 반수세식 혹은 허니가공 방법 등도 있다.

요즘엔 무산소발효를 비롯하여 발효방식이 다양하다. 가공방식이 달라짐에 따라 향도 크게 달라진다. 맛은 약간의 차이가 있기는 하지만 향만큼은 아니다. 가공방식은 우리에게 향에 대한 약간의 힌트를 주기 때문에 확인하면 좋다.

마지막으로 커피의 맛과 향에 대한 정보(컵노트, cupping note)이다. 커피의 재료를 구매하거나 볶은 커피를 구매할 경우 맛과 향의 정보를 공유하는 경우가 많다. 물론 맛과 향에 대한 정보가 나열되어 있더라도 이용하는 사람들이 다 느낄 수 있는 것은 아니다. 필자의 경우에도 재료 구매 시, 컵노트를 참고하기는 하지만 다 느껴지지 않는 경우도 있었다. 컵노트 정보를 확인하고 구매한 커피를 지속적으로 마시다 보면 나만의 경험치가 만들어진다.

요즘에는 직접 커피를 볶는 커피집들이 많아졌다. 볶는 방법이나 재료들도 여러 산지에서 들어오는데다 볶는 방법도 워낙 다양해 우리의 입을 즐겁게 만들고 있다. 커피는 생산지가 같더라도 볶는 사람에 따라 맛과 향이 달라질 수 있다. 처음 방문하는 점포이거나 생소한 커피라면 소량 구매하여 기호에 맞는지 여부를 확인해보는 게 좋겠다.

1.5 커피를 구매할 때 얼만큼씩 해야 하나

가장 좋은 방법은 1-2주 동안 마실 분량을 구매하는 것이다. 만약 그라인더가 없어 분쇄된 커피를 구매할 때는 3-4일 분량을 권유한다. 구매하는 곳이 거리가 너무 멀어 자주 방문하기 어렵다면 3-4주 분량을 구매해도 된다. 다만 많은 분량의 커피를 구매해야만 한다면 구매 후 1-2번 사용할 만큼씩 분리해 적당한 병에 보관한다. 자세한 것은 원두커피 보관 방법에서 참고하자.

혹시 직접 볶는 사람이라면 커피생두는 묵히지 않은 콩(뉴크롭, new crop)으로 구매하는 것이 좋다. 우리나라 농산물과 비교하면 커피는 쌀과 같은 곡물과 비슷하다고 보면 된다. 수확기가 다가오면 전 해 수확물은 묵은 것(past crop, old crop)이 된다. 생콩이나 볶은 커피콩은 상태에 따라 상미기간이 다를 수 있다. 필요한 만큼씩 구매하고 되도록 분쇄하지 않은 콩을 구매하자. 커피를 구매할 때 볶은 날짜도 중요하지만 상미기간을 고려하여 구매하기를 추천한다.

1.6 원두커피 보관은 어떻게 해야 할까

<커피 테크놀로지>(Coffee Technology)의 저자인 시베츠(Michael Sivetz)는 '냉동보관을 해야 한다'고 주장한다. 그는 냉동보관과 함께 유통도 냉동차를 이용한다고 밝혔다. 식품을 보관하는 목적은 재료를 쉽게 구할 수 없거나 장기적으로 사용하기 위함이다. 요즘엔 굳이 커피를 저장할 만큼 구매할 필요는 없어졌다. 동네마다 커피를 직접 볶는 집들이 있기 때문이다. 그럼에도 콩을 대량으로 구매하였다면 보관은 어떻게 해야 할까? 좀 더 맛있게 마실 수 있는 기간을 늘릴 수는 없을까?

만약 냉동이나 냉장보관을 할 경우에는 생활냉장고에 보관하지 않는 것이 좋다. 커피는 냄새를 잘 흡수하는 건조식품이다. 김치냉장고에 보관했다가는 김치향이 밴 '특별한 커피'를 마시게 될 수도 있다. 혹시라도 냉동고에 보관한 커피

가 있다면 자연해동이 되도록 한 후 개봉하는 것이 좋다. 개봉 전에 포장지 겉면에 있는 물방울은 반드시 제거하는 것을 잊지 말자.

추천할 만한 보관방법을 알아보자. 구매한 커피를 한 번 마실 분량으로 분리하는 것이다. 준비할 용기는 밀폐가 가능한 것으로 하되, 크기는 40g~100g 정도의 커피가 들어갈 정도면 적당하다. 되도록 1회용으로 사용할 만큼 작으면 더 좋다. 용기 안에 빈 공간(head space)이 있으면 공기 중의 산소와 커피가 접촉되면서 산화가 일어날 수 있다. 되도록 정량의 밀폐용기를 선택한다.

커피를 담은 용기들은 빛이 들지 않는 서늘한 곳에 보관한다. 재질도 냄새가 배지 않는 용기(유리, 특수플라스틱 등)가 좋은데, 가급적 재활용이 가능한 것을 선택한다. 알루미늄 특수재질의 봉투는 완전 밀봉될 수 있도록 실링을 하는 것이 좋다.

한 번 사용할 양으로 분리해야 하는 이유는 커피와 공기의 접촉을 피하기 위해서이다. 커피콩을 사용하기 위해 개봉

할 때마다 안에 있던 공기가 향과 함께 배출된다. 용기를 닫기 전에 다시 새로운 공기가 채워진다. 새로운 공기는 윗면의 커피와 접촉하게 되고 산화를 촉진시킨다. 그래서 가능하면 개봉을 적게 하는 것이 좋다.

구매한 커피가 1주일을 넘지 않는 분량이라면 굳이 나눌 필요는 없다. 볶은지 오래되지 않은 커피라면 1주일 정도는 괜찮다. 하나의 용기에 넣은 상태에서 사용해도 맛과 향에 큰 영향을 주지 않는다. 만약 3,4주 정도 소비할 양이라면 나누어 보관할 것을 추천한다.

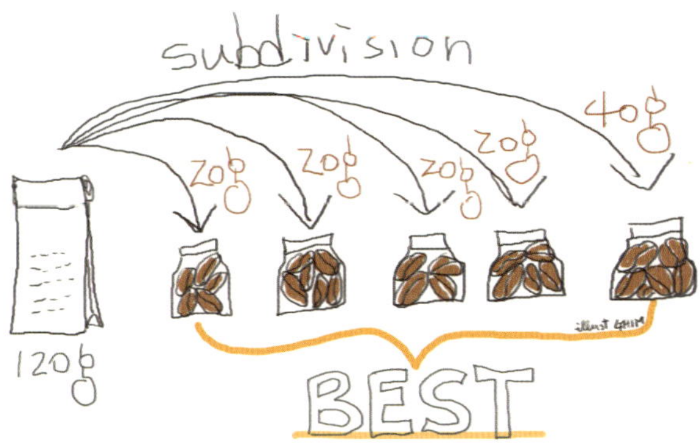

1.7 나에게 맞는 커피를 어떻게 찾을까

커피점마다 커피 맛이 다르다는 것은 알지만 정확하게 왜 다른지는 알지 못하는 것 같다. 동일한 지역의 커피일 경우에도 볶음정도나 열공급에 의해 조금씩 향과 맛이 다를 수 있다고 앞서 설명하였다. 특히 블렌드의 경우 커피점마다 많이 다르다. 집집마다 표현하고자 하는 맛과 향이 다름에 따라 섞는 종류도 다르고 비율도 달라진다.

섞는 커피의 종류는 최소 2가지에서 최대 20가지가 되는 경우도 있다. 2000년 이전에 커피를 배울 때는 4가지 이상 섞으면 안된다고 알고 있었다. 왜 그래야 하는지는 당시 물어보지 않아 알 수 없다. 이후 다국적기업에서 블렌딩을 할 때 커피의 종류를 18가지 이상을 사용한다는 사실을 알았다. 이유는 일부 작황이 좋지 않을 때 다른 커피로 교체되어도 맛과 향의 변화가 크게 달라지지 않도록 하기 위함이었다.

커피는 농산물이므로 자연환경의 영향을 받는다. 기후가 안 좋으면 그 해의 생산물도 좋지 않다. 반면 일부 업체들은 블렌드를 매년 혹은 시즌별로 다르게 만들어 제공하기도 한다. 커피는 마셔보지 않으면 다름을 알 수 없기 때문에 직접 경험해 보기를 적극 추천한다.

나에게 맞는 커피는 어떻게 찾을까. 우선 내가 좋아하는 커피의 색을 기억해 두는 것이 좋다. 커피콩들의 색이 서로 비슷하게 분포되어 있는 것이 좋긴 하지만, 블렌드커피는 예외일 수 있다. 내가 좋아하는 커피스타일을 알고 있다면 새로운 커피집을 방문할 때 선택하기 편하지 않을까.

커피원두를 구매할 때, 기준이 있는 경우와 없는 경우 등 2가지가 있다. 첫 번째, 기준이 있는 경우부터 알아보자. 인터넷이나 SNS, 혹은 지인을 통해 커피맛집을 찾는다. 내가 좋아하는 볶음도나 볶은 커피의 색인지 확인한다. 만약, 방문한 커피집의 커피원두가 내가 좋아하는 볶음정도이거나 선호하는 색상이라면 음료를 주문해 맛을 확인한다. 음료는 본인이 주로 집에서 마시는 방법을 선택하는 것이 좋지만 아니어도 괜찮다. 향과 맛을 확인하기에는 충분하다.

만약 방문한 커피집이 나의 취향과 맞지 않는다면 원두 구매는 패스해도 된다. 본인이 좋아하지 않는 키피를 판매한다고 맛이 없는 것은 아니다. 나의 기호와 맞지 않으면 다른 커피 집을 찾으면 된다. 나의 기호와 잘 맞는 집을 지속적으로 찾다 보면 특별한 커피집이 발견될 것이다. 만약 원하는 커피집을 발견하였다면 그 집의 커피를 충분히 알 때까지 경험해 볼 것을 추천한다.

두 번째 방법으로 커피에 대한 나만의 선택 기준이 없을 때는 다음 방법을 추천한다. 다양하고 새로운 것을 경험하기 위한 방법으로는 무조건 선택하는 것이다. 사람마다 경험하는 방법이 다르기는 하지만 2가지 방법을 제시한다. 첫 번째는 하나를 정하고 그것을 충분히 알 때까지 계속 반복하는 것이고, 두 번째는 여러 관점으로 경험하는 것이다. 특히 같은 것을 반복할 때 지루함을 느끼는 사람들에게는 두 번째 방법을 추천한다. 쉽게 설명하면 같은 커피를 지속적으로 마시는 방법이 첫 번째 방법이고, 여러 가지 커피를 골고루 마셔보는 것이 두 번째 방법이다. 어느 방법이든지 본인에게 맞는 방법을 취하면 된다. 두 가지 방법을 섞어서 해봐도 좋다.

직접 추출해 마시는 사람이라면 콩을 판매하는 전문점에서 구매한 콩과 같은 콩으로 추출한 커피음료도 함께 주문해보자. 이유는 전문가가 추출해주는 커피의 향미를 인지하면 내가 추출할 때 기준을 쉽게 잡을 수 있기 때문이다. 추출의 경험이 부족한 경우 추출된 커피에 대한 평가는 어렵다. 커피콩을 구매할 때 같은 콩으로 만든 음료도 같이 구매하기를 추천하는 것은 이런 이유에서이다.

2. 추출도구를 이해하자; 형태와 기능 차이

조리를 할 때 필요한 것들이 있다. 주재료를 비롯하여 재료를 담거나 요리할 그릇, 그리고 보조도구이다. 재료를 담는 그릇은 쓰임새나 기능에 따라 조금씩 다르다.

밥을 예로 들어보자. 밥을 짓는 도구는 재료의 차이가 가장 크다. 압력, 무쇠, 스테인레스. 알루미늄, 도자기 등이다. 솥은 재질에 따라 열원과 시간이 달라진다. 기능에 의해 밥맛이 달라질 수 있으나 재질의 특성에 맞게 조리하면 맛의 차이는 줄어들 수 있다. 커피도 주재료를 조리할 도구로 어떤 형태와 기능이 있는지 알아보자.

2.1 추출도구의 모양은 어떤 것이 있나

추출은 방법에 따라 침출법과 투과법 그리고 압력을 이용한 강제추출법이 있다. 방법에 따라 추출법이나 도구가 달라질 수 있다. 여기서는 주로 투과법을 사용하는 도구에 대해 설명하겠다. 추출방법에 따른 자세한 설명은 2부에서 확인할 수 있다.

손으로 간편하게 추출을 가능하게 해주는 도구인 플라스틱필터(dripper, 이하 드리퍼)는 형태가 비슷하기도 하고 전혀 다르기도 하다. 공통적인 형태는 깔대기 모양이다. 깔대기 형태는 추출되어진 커피액을 위에서 아래로 모아주는 역할을 한다.

드리퍼는 추출구의 형태로 분류하면 3가지로 구분할 수 있다. 드리퍼 하단에 작은 추출구가 3개가 있는 것과 한 개 있는 사다리꼴 모양이 있다. 다른 하나는 완전 깔대기 형태의 하단에 하나의 추출구가 큰 것이다. 마지막 하나는 사다리꼴의 형태와 비슷하지만 아래 부분이 원형의 면으로 구성되어 작은 구멍이 3~4개 정도 있다.

추출구가 작은 드리퍼로 대표적인 브랜드는 추출구가 1개인 멜리타와 추출구가 3개인 칼리타, 그리고 바닥면이 원형인이 칼리타 등이다. 드리퍼들은 추출구가 1개이든 3개이든 추출구가 작으면 물이 빠져나가는 속도가 느리다. 그렇기 때문에 물을 단계적으로 주입한다.

추출구가 1개이면서 크기가 큰 도구로 대표적인 브랜드는 고노와 하리오이다. 이 드리퍼는 원추형의 가파른 형태로 물을 주입하는 것과 동시에 아래로 흐름이 빠르다. 도구 자체로만 보면 자칫 연한 커피를 만들 수 있다. 물을 주입하는 요령은 일반적으로 사다리꼴 형태의 도구와 비슷하다. 다른 방법으로 작은 물방울로 시작하여 점진적으로 양을 늘리면서 주입하기도 한다.

2.2 립(rib)은 왜 있을까

드리퍼는 추출이 원활히 진행되도록 기능을 보완한 장치가 추가된다. 이 장치는 립(rib)이라는 상하로 돌출된 구조물이다. 립은 도구마다 높이와 굵기 그리고 위치가 다르게 구성되어 있다.

립의 역할은 드리퍼 안에 장착되는 종이필터와 드리퍼 사이의 공간 확보이다. 공간을 만드는 이유는 원활한 추출을 위해서이다. 추출된 커피 물질이 종이필터 내부에서 외부로 배출되면서 종이필터의 외부 벽을 타고 아래로 흐르도록 유도한다.

만약 드리퍼와 종이필터 사이가 여유공간이 없다면 진공상태로 밀착된다. 밀착된 상태는 추출이 원활하게 되지 않는 결과를 만든다. 즉, 드리퍼 윗벽 부분에서 커피물질이 종이필터를 통과하지 못하게 되기 때문에 물흐름이 원활하지 않게 되거나 침출현상으로 갇히게 된다.

실제 드립을 해보면 커피추출이 드리퍼와 종이필터가 밀착되지 않고 확보된 공간을 통해서 이뤄지는 것을 확인할 수 있다. 이러한 진공상태를 제어하기 위해 립을 장착하고 공간을 확보하는 것이다.

립의 형태는 드리퍼의 모양에 따라 달라진다. 드리퍼의 형태에 따라 기능을 고려하여 립을 배치한다. 추출구가 하나이고 큰 드리퍼(고노, 하리오)는 드리퍼의 경사도에 따라 립의 길이와 높이, 간격이 다르다. 립이 짧으면 높이가 높고, 길이가 길면 립과 립의 간격이 넓으면서 높이가 낮게 분포되어 있다.

드리퍼는 립을 비롯하여 모양이나 기능들이 서로 단점을 보완되도록 고안되어 있다. 도구를 개발한 회사들은 각각의 특성에 맞는 추출법을 제시하고 있다. 구매한 드리퍼의 설명서를 참고하여 추출해보는 것도 좋은 방법일 것이다.

2.3 브루잉머신에 대해 알아보자

우리나라에서는 커피메이커로 알려져 있는 제품으로 가정용으로 3-4잔용과 10잔용이 있으며, 영업용으로는 3.5리터 이상의 대용량머신들이 있다. 형태는 상단에 드리퍼와 하단에 유리포트로 구성되어 있다. 추출된 커피가 식지 않도록 유리포트 아래에 열선을 장착하여 온도를 유지시켜주는 것과 포트 자체에 보온기능이 장착된 것이 있다.

브루잉머신의 하단에 워머가 장착된 경우는 추출된 커피의 온도유지에 유리하다. 그러나 오랜 시간 열선으로 보온을 유지하다 보면 오히려 커피의 수분이 날아가면서 농도가 짙어지고 향도 감소되는 단점이 있다. 또 산화 역시 불가피하기 때문에 한 번 마실 만큼 추출하기를 권장한다.

브루잉머신의 추출원리는 손으로 추출하는 것과는 많이 다르다. 물이 분사되는 부분이 드리퍼 상단에 고정되어 있고, 구멍이 여러 개 혹은 한두 개 뚫려 있다. 이 장치를 통해 물이 드리퍼로 쏟아지게 된다.

또 다른 하나는 높은 온도의 물이다. 손으로 추출하는 경우와 다른 점으로, 높은 온도가 유지되면서 물을 분사시키는 방식이다. 머신으로 추출하는 커피는 나선형으로 물을 붓지 않아도 물의 온도가 높게 유지되고 추출시간 역시 충분하다. 따라서 좋은 커피를 정량에 맞춰 세팅하고 추출한다면 맛있는 커피 추출이 가능하다.

2.4 기타 도구에는 무엇이 있을까

핸드드립을 할 수 있는 도구를 제외하고 가정에서 사용할 수 있는 도구에는 침출방식의 프렌치프레스, 침출방식과 투과방식이 동시에 적용되는 클레버, 압력방식의 에어로프레스, 사이폰 등이 있다. 프렌치프레스와 클레버는 커피뿐만 아니라 차도 우릴 수 있다. 물을 계속 주입하는 투과식 도구보다 수율이 적게 추출되기도 한다. 그래서 커피의 분쇄정도와 우리는 시간에 따라 농도가 달라질 수 있다.

반면, 에어로프레스와 사이폰은 진공상태를 활용한 추출 방식이다. 사이폰의 경우 높은 온도로 추출이 되기 때문에 브루잉머신과 비슷한 커피를 만들 수 있다.

립의 역할이 중요하다고 말했지만 립이 없는 도구도 있다. 케멕스같은 경우 드리퍼와 포트가 일체형으로 되어있다. 특이한 점은 립이 없는 구조라는 것이다. 그래서 케멕스의 경우에는 립의 역할을 종이필터로 보완한다. 추출이 아래 꼭지점에서만 이뤄지기 때문에 추출이 느려질 수 있다.

도구의 종류를 막론하고 커피알갱이의 굵기, 커피와 물의 접촉시간, 온도 등에 따라 추출결과는 달라진다. 이 변화에 따라 수율과 농도 역시 달라지게 된다.

2.5 종이필터의 기능은 무엇일까

커피를 추출할 수 있는 종이필터는 제조방법이나 기능에 따라 다를 수 있으며 가격도 차이가 있다. 종이의 두께가 다르고 조직이 다르면 기능도 달라진다. 이러한 차이는 눈으로 확인하기 어렵기 때문에 구별하기도 어렵다. 매번 종이필터의 재질을 현미경으로 확인해 볼 수 있는 것도 아니다. 종이필터마다 커피의 맛과 향이 어떻게 다른지 사용해 보는 수밖에 없다.

방법은 두 가지다. 전문가들의 의견을 구하거나 직접 해보는 것이다. 이 중 어느 것을 선택하느냐는 각자의 몫이다. 호기심이나 궁금증이 발동하면 해보면 된다.

우선 사용할 커피를 한꺼번에 분쇄한 후 잘 섞는다. 비교하려는 필터에 분쇄된 커피를 각각 담고 추출을 해본다. 이때, 필터에 담을 커피를 각각 분쇄하지 않는 이유는 편차를 줄이기 위한 것이다. 편차는 커피알갱이들의 맛과 향을 말한다. 이와 같은 간단한 실험을 통해 본인에게 잘 맞는 종이 필터를 선택할 수 있을 것이다.

2.6 주전자의 선택포인트는 무엇일까

손으로 커피를 추출할 때 주재료와 도구 다음으로 필요한 것은 물 주입용 주전자이다. 전문가들은 드립에 최적화된 전용주전자를 사용하지만 ,커피를 취미로 하는 사람이라면 꼭 전용주전자를 쓸 필요는 없다. 전용주전자를 쓰는 이유는 핸드드립 커피를 추출하기 쉽고 편하게 만들어졌기 때문이다. 그렇다면 어떤 주전자를 선택해야 할까.

커피를 추출할 때 중요한 주전자의 역할은 3가지가 있다. 첫 번째는 추출에 필요한 적정량의 물을 담을 수 있어야 한다는 것이고, 두 번째는 추출하는 동안 물의 온도가 잘 유지되어야 한다는 점이다. 마지막으로 주전자의 주둥이 부분이다. 주둥이에서 물이 흘러나오다가 중단되었을 때 깔끔하게 물이 끊어지는 형태로 마무리가 되어야 한다. 즉, 물 붓는 동작이 끝났을 때 주둥이의 끝에서 코를 따라 외벽으로 물이 흐르지 않아야 한다. 가끔 차를 마실 때 찻주전자의 주둥이에서 물이 잘 끊어지지 않아 애를 먹었던 기억이 있다. 주전자의 생명은 주둥이 끝에 달려 있다고 해도 과언이 아니다.

주전자 코의 형태에 따라 물의 세기가 달라질 수 있다. 코의 지름이 작고 긴 것은 압력이 높아져 물이 세게 주입될 수 있다. 핸드드립커피 추출경험이 부족한 사람들은 물이 세게 주입되지 않도록 주의해야 한다. 연습을 통해 충분히 체득할 수 있으므로 열심히 추출연습을 해보자.

2.7 어떤 그라인더를 어떻게 선택해야 할까

그라인더는 직접 커피를 추출해 마시는 사람들에게 중요한 도구이다. 그라인더가 중요한 이유는 맛있는 커피 한잔을 마시기 위해서이다. 분쇄된 커피를 구매할 경우 분쇄되는 순간부터 시간이 지남에 따라 향은 소실된다. 커피는 향이 중요하다. 향이 없는 커피는 맛도 없다.

커피를 한동안 작정하고 마실 거라면 그라인더 하나쯤은 장만하기를 권한다. 특히 가정용 에스프레소머신을 사용하는 경우 꼭 구비하라고 강조한다. 드립의 경우 커피알갱이의 크기가 달라져도 추출할 때 주어진 굵기에 맞춰서 추출하면

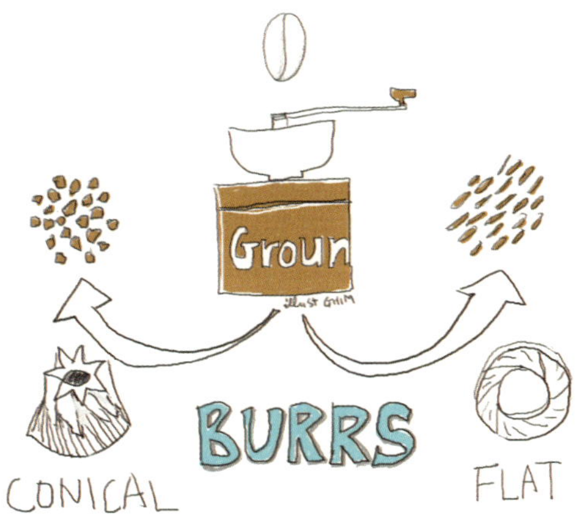

된다. 그러나 에스프레소머신의 경우 커피의 분쇄도를 구매자의 요구에 정확히 맞추기 어렵다. 머신을 보지 않고 추출을 해보지 않은 상태에서 '더 가늘게' 혹은 '조금 더 굵게'라는 표현을 쓰기가 애매하기 때문이다. 1년 이상 커피를 마실 거라면 전동그라인더를 하나 정도 구비해두는 게 좋겠다.

그렇다면 어떤 그라인더를 선택해야 할까? 일단은 기능과 특징을 고려하여 각자의 기호에 맞게 하면 된다. 모든 면에서 완벽한 것은 없다. 분쇄기도 마찬가지이다. 커피를 직접 추출하여 마신다고 하면 내구성을 갖춘 적정한 가격의 그라인더를 구비하는 것이 좋다. 가정에서는 그라인더를 충분히 오래 사용할 수 있기 때문이다.

커피를 분쇄하는 그라인더는 사용하는 용도와 목적에 따라서, 날의 모양이나 작동방식에 따라서 분류된다. 가정이나 음료매장에서 사용하는 분쇄방식은 2가지이다. 밀(mill, 맷돌)방식과 칼날방식이 그것이다. 산업에서 사용하는 고가용 롤러형 분쇄기도 있다. 이 책에서는 롤러형에 대한 설명을 제외한다. 밀방식은 절구 혹은 맷돌에 커피콩을 빻는 방식과 비슷하다. 정육면체와 비슷한 형태이지만, 모서리들이 부드럽다. 칼날방식은 무를 채칼로 자르는 것과 비슷한 형태로 약간 편 모양이다. 칼날의 모양과 작동방식에 따라 평면형(flat burr)과 원뿔형(conical burr)으로 나뉜다. 손으로 직접 손잡이를 돌리며 구동하는 방식은 대부분 원뿔형이다. 그라인더의 날에 따라 가루의 모양도 다르며, 그에 따라 분쇄되는 시간에도 차이가 있다.

참고로 그라인더 구매를 주저하는 분들을 위하여 팁을 제시한다. 소형 다용도 믹서기를 활용하는 방법이다. 작은 컵 하나를 커피 전용분쇄기로 활용하는 방법이다. 컵에 커피를 담고 본체에 장착한 후 약 45도 정도 기울이고 작동시킨다. 기울이는 이유는 커피가 분쇄되면서 위아래의 알갱이의 크기를 고르게 만들기 위해서이다.

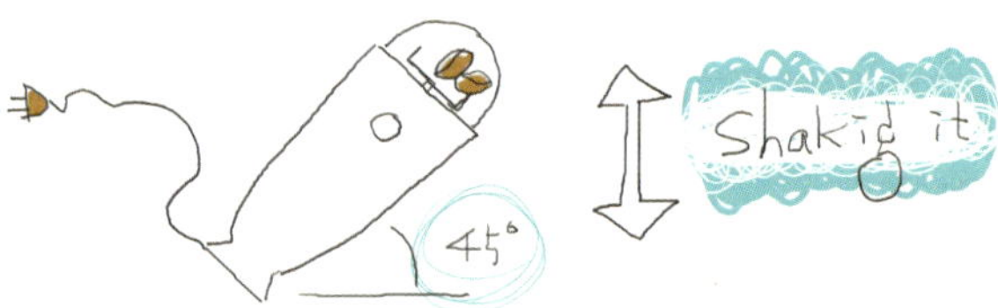

더 좋은 방법은 45도 기울이고 위아래로 흔들면서 작동하면 좋다. 단점은 분쇄 도중 원하는 굵기가 될 때까지 확인을 해야 한다. 이 방법은 전문적인 기계보다는 불편하다. 또한 균일한 굵기의 커피를 얻을 수 없다. 그럼에도 불구하고 분쇄된 커피를 구매하여 추출을 하는 것보다는 맛난 커피를 즐길 수 있는 면에서 대체 가능하기 때문이다.

3. 추출에서 물의 역할은 무엇일까

커피추출에 사용되는 물은 기준에 맞아야 한다. 그 기준은 SCA(Specialty Coffee Association)에서 잘 정리해서 제시한 바 있다. 그에 따르면 커피에 맞는 물은 경도가 높지 않은 총 TDS(total dissolved solids) 300ppm 이하, 철함유량 2ppm 이하, 칼슘과 마그네슘 화합물 함유량 100ppm 이하, 탄산과 중탄산염 함유량 100ppm 이하의 물이어야 한다. 또 pH는 중성이며 냄새 등이 없어야 한다. 이런 기준은 석회성분이 많은 물 때문에 만들어졌다. 우리나라의 수돗물은 총 TDS 100-120ppm 정도이다. 정수시스템을 갖춘 업장이라도 200ppm 이하이므로 물에 대한 스트레스는 없을 것 같다.

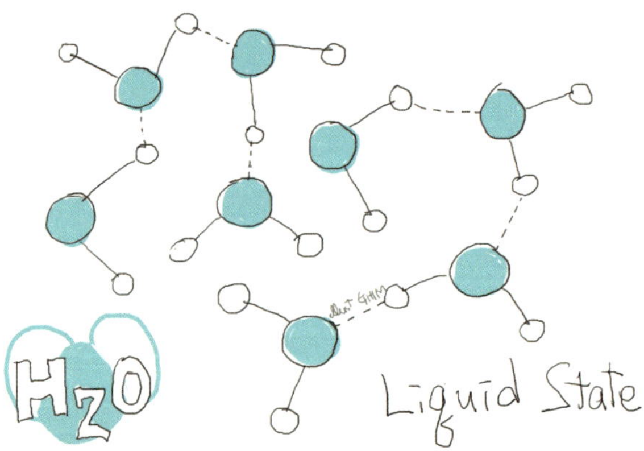

커피 추출에서 물은 용질을 녹이는 용매역할을 한다. 용매는 용질이 용해가 잘 되도록 하는 촉진제이다. 물분자의 진동으로 인하여 커피물질이 용해된다. 분자운동은 분자들이 쉬지 않고 스스로 움직이는 현상을 말한다. 물의 분자운동은 온도가 높아지면 더욱 활발해진다.

우리가 사용하는 물에는 분자수가 어마무시하게 많다(물 1분자 안의 분자수는 $6.02x\ 10^{23}$개). 이렇게 많은 분자(H_2O)들이 용기 안에서 운동을 한다. 서로 잡기도 하고 밀치기도 하며 부딪치기도 한다. 이러한 분자운동으로 인해 커피알갱이로부터 수용성 물질의 확산이 촉진되고 결국 밖으로 배출되는 것이다. 물 하나만으로도 커피의 농도와 수율을 달리할 수 있다.

2부

기본지식

A. 원리를 이해하자

커피 추출은 커피가 품고 있는 수용성 물질을 물로 녹여내는 과정을 말한다. 커피알갱이를 현미경으로 확대해 보면 벌집모양의 기공들로 구성되어 있다. 이 기공들 안쪽의 벽면에 여러 수용성 물질들이 붙어 있다. 이 수용성 물질들은 로스팅으로 인해 바짝 마른 상태이다. 여기에 물을 가하고 적심으로써 수용성 물질들을 기공 밖으로 배출시키는 것이다.

1. 추출의 원리부터 알고 시작하자

커피추출의 원리는 확산과 씻김이다. 커피알갱이 안으로 물이 주입되면 기공 안의 수용성 물질들이 확산되면서 커피알갱이 밖으로 빠져나오게 되는 현상이다. 그것은 물질의 크기와 물의 온도, 그리고 우리는 시간의 관계작용이다. 자연에서 확산을 통해 물질이 스스로 퍼지는 현상은 느리게 진행된다. 커피추출의 확산현상은 규모가 매우 작기 때문에 자연보다는 빠르다. 또한 커피추출에서는 빠른 확산을 위해 물을 나누어 주입하기도 한다. 물을 나누어 주입하지 않는 추출방법(침출)에서는 보조도구를 사용하여 휘저어 주기도 한다.

차를 우리거나 커피를 추출하는 일은 간단하다. 그래서 쉽다고 생각할 수 있다. 하지만 별다른 촉매제나 보조제 없이 주전자나 기계를 이용해 수많은 커피알갱이 내부로부터 수용성 물질을 추출하기란 막상 쉬운 일만은 아니다. 그 과정이 매우 미세하고 섬세하기 때문이다. 무엇보다 우리는 커피 내부에서 일어나는 일련의 분주한 광경을 볼 수가 없다. 보이는 현상만으로 그 과정을 추정하고 확정해야 한다.

결국 원리가 중요하다. 원리를 알면 잘못된 추출을 인지

할 수 있고 수정할 수도 있다. 내가 원하는 커피를 만들기 위해 분쇄도, 커피사용량, 물주입 속도와 양 등을 자유롭게 조정할 수 있다.

1.1 확산이 중요한 이유는 뭘까

확산이란 물질을 이루는 입자들이 스스로 운동하여 사방으로 퍼져 나가는 현상을 말한다.[1] 한 점을 기준으로 점진적인 운동에 의해 사방으로 퍼져 나가는 현상으로 생활주변에서 흔히 볼 수 있는 현상이다. 바람이 없어도 굴뚝에서 나온 연기가 사방으로 흩어지는 모습도 확산현상이다. 가정에서 고기국물을 우리거나 차를 우릴 때도 이 원리가 적용된다. 커피 추출도 역시 확산이 적용된다.

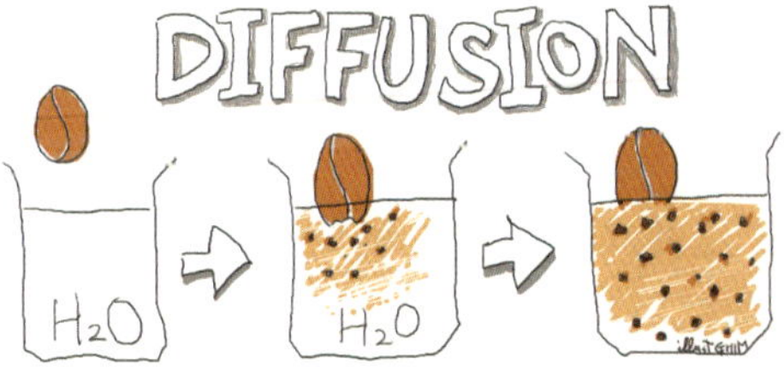

1) EBS 중학뉴런 과학 1 p120

커피의 추출에서 확산이 어떻게 일어나는지 알아보자. 확산은 수용성 고형물질을 커피알갱이 내부로부터 외부로 끌어내는 것을 말한다. 커피알갱이 내부의 수용성 고형물질을 물로 불리면서 추출은 시작된다. 이 때 물은 분자운동을 통해 확산을 유도하고 촉진하는 매개체 역할을 한다. 물분자 운동은 커피알갱이 내부에서 수용성 물질들을 점차적으로 떼어내며 커피알갱이 외부로의 확산을 유도하게 된다.

커피알갱이의 크기는 확산되는 시간과 거리를 결정한다. 알갱이가 크면 확산거리가 길고 확산되는 시간도 달라진다. 알갱이의 크기에 따라 물주입 속도와 양을 정한다. 추출에서 커피알갱이의 크기는 중요한 요소이다.

확산은 물의 온도가 높을수록 빨라진다. 온도가 높아짐에 따라 물분자들이 더욱 활발하게 움직이게 되므로 커피의 수용성 물질도 빠르게 반응하게 된다. 이 때 높은 물의 온도는 확산현상에 에너지를 부여한다. 이 에너지 덕분에 커피추출 시간이 3분 정도로 줄어들게 된다.

확산은 커피알갱이 안에 갇힌 이산화탄소에 의해 방해를 받을 수 있다. 커피의 수용성 고형물질은 커피알갱이의 기공 안쪽 벽면에 부착되어 있다. 기공은 커피를 볶는 과정을 통해 발생한 이산화탄소와 여러 향기물질 등이 기체형태로 채워져 있다. 물은 기공 안의 이산화탄소 등과 먼저 접촉하게 된다. 기체는 물을 밀어내면서 밖으로 나가려는 기본 성질을 가지고 있다. 물을 밀어내는 과정에서 커피의 수용성 고형물질과의 만남이 일부 제어된다. 이 현상은 확산의 속도를 더 늦추는 결과를 만든다. 따라서 커피추출은 이산화탄소가 어느 정도 날아간 상태에서 하는 게 좋다. 이산화탄소의 방해를 받지 않기 때문에 추출이 원활하다. 추출을 통해 최상의 맛을 끌어내고자 한다면 더욱 그렇다.

커피알갱이 안에서의 확산작용은 느린 반면, 표면으로 끌어낸 수용성 물질들이 아래로 흘러내리는 과정은 빠르게 일어난다. 이는 중력현상이기 때문에 조절하기 어렵다. 아래

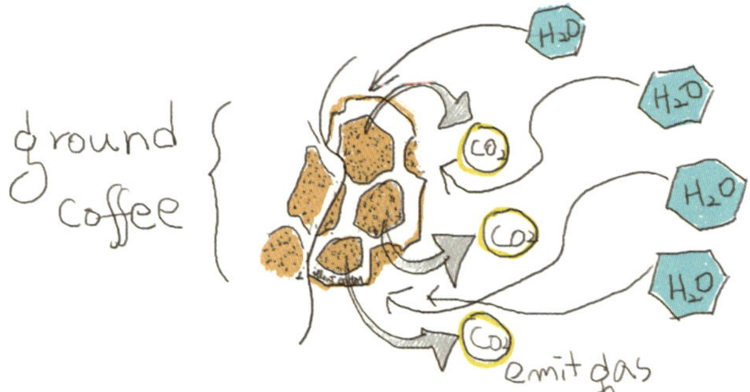

로 흘러내리는 속도는 물의 양과 관계가 있다. 드리퍼 안에 물의 양이 많아지면 아래로 밀어내는 힘이 커진다. 누르는 힘이 커지면 확산속도보다 아래로 흐르는 물이 많아지므로 커피가 제대로 추출되기 어렵다. 그 결과 과소추출의 원인이 된다.

다시 강조하지만 커피를 추출할 때 중요한 것은 확산이다. 확산현상을 이해하고 보이지 않는 커피알갱이 안에서의 확산과정을 상상하면서 추출을 해보자. 강태공이 물 속 고기들의 움직임을 상상하듯이.

1.2 수율은 어렵지만 알면 편리하다

수율은 사용한 원료에 대한 생성된 물질의 비율이다. 볶은 커피의 수율은 볶는 과정에서 손실된 무게를 제외한 나머지를 백분율로 계산한다. 생두 1kg을 볶아 완성된 원두 무게가 820g이라면 로스팅 수율은 82%가 된다. 볶음정도에 따라 80~88% 정도가 일반적이다.

반면, 커피추출에서의 수율은 사용된 원두가루의 무게와 추출된 커피에서 물을 제외한 커피성분의 무게 비율이다. 예를 들면 커피알갱이 20g을 사용하여 커피를 추출한 결과 커피의 수용성 물질이 약 4g 용출된 경우 추출수율은 20%가 된다. 일반적으로 커피의 추출수율은 18~22%이다. 이 때 추출에 사용되는 물의 수율은 대략 90% 전후이다. 우리가 마시는 커피 한 잔에서 커피성분은 생각보다 적다.

수율을 처음 접하는 사람은 이해하기가 쉽지 않다. 수율과 관련하여 좀 더 쉬운 예를 들어보자. 지름이 같은 크기의 수박이 2개 있다고 하자. 하나는 껍질이 두껍고 다른 하나는 껍질이 얇다고 가정하면, 껍질이 두꺼운 수박이 수율면에서는 낮다고 할 수 있다. 커피에서의 수율은 수박에서 먹는 부분. 즉 빨간 속에 해당된다.

커피의 추출수율은 3가지의 변수를 가지고 있다. 첫 번째 변수는 커피열매의 수확과정에서의 변수이고, 두 번째는

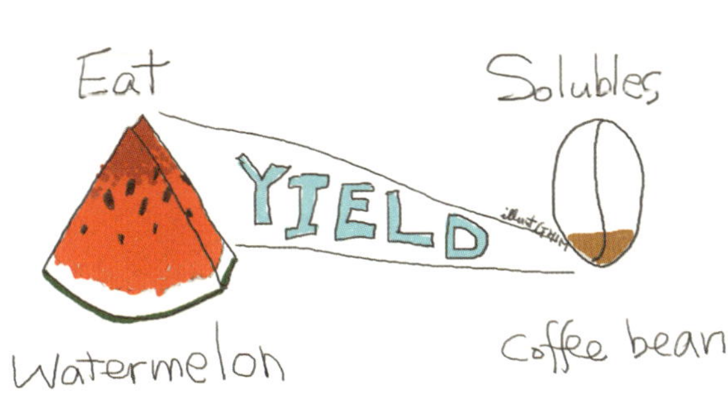

볶음정도에 따른 수율, 세 번째는 추출할 때의 분쇄도 및 물 주입량과 속도에 따른 수율이다.

첫 번째 변수는 재배환경과 가공에서 만들어질 수 있는 품질에 따라 좌우된다. 잘 익은 과일이 먹을 것도 많은 것과 비슷하다. 두 번째 볶는 과정에서 만들어지는 추출수율은 볶음정도에 따라서, 열공급 방법에 따라서 달라질 수 있다. 이것은 볶는 과정에서 조직을 어떻게 다루느냐에 관계된다. 화력의 세기에 따라 커피의 섬유질 상태가 달라진다. 화력이 강하면 조직이 파괴될 수 있고 총 열량이 너무 적으면 조직이 덜 벌어져 수율이 적어질 수 있다. 마지막으로 추출과정에서 수율은 같은 커피라도 추출 방법에 따라 달라진다. 추출방법이 다른 것은 물의 주입량이나 간격의 차이에서 비롯되며, 특히 커피알갱이의 크기에 많이 좌우된다.

수율은 어떻게 측정할까. 수율을 측정하는 방법으로는 기계를 이용하는 방법과 수동으로 측정하는 방법이 있다. 기계를 이용하는 방법 중 가장 빠르고 정밀한 것은 수분측정기를 사용하거나 자연건조기를 이용하는 방법이다. 대개 수분을 증발시키고 남은 고형물의 무게를 측정하여 비율로 환산한다. 기기를 이용하는 것이 정확한 측정에 유리하다. 하지만 고가이기 때문에 일반인이 구비하기는 어렵다. 농도를 측정하고 사용한 커피의 무게를 환산하여 수율을 측정할 수 있도록 만든 기기가 있지만 이 또한 가격이 만만치 않다.

그렇다면 일반인이 가장 쉽게 할 수 있는 방법은 무엇일까. 이 방법은 누구나 할 수 있기는 하지만 시일이 걸린다는 단점이 있다. 한 번쯤 해보면 좋을 것 같아 소개한다.

먼저 추출하기 전에 커피알갱이의 무게를 잰다. 다음은 추출한 커피를 담을 컵의 무게를 잰다. 추출된 커피를 미리 무게를 잰 컵에 담는다. 그늘지고 서늘한 곳에 커피를 담은 컵을 놓아둔다. 물이 전부 건조되면 커피색의 고형물질이 컵의 바닥과 가장자리에 붙어 있게 된다. 물이 완전히 증발된 상태에서 무게를 잰다. 이렇게 잰 무게에서 미리 측정된 컵의 무게를 빼면 추출된 고형물질의 무게가 된다. 여기서 처음 추출하기 위해 사용한 콩의 무게와 말린 고형물질의 무게의 비율을 계산하면 추출수율이 나온다.

이 때 수분이 증발되고 남은 고형물질은 우리가 흔히 볼 수 있는 인스턴트커피의 커피성분이라고 할 수 있다. 시간이 많이 소요되기는 하지만 한 번 정도 직접 해보는 것도 나쁘지 않을 것이다.

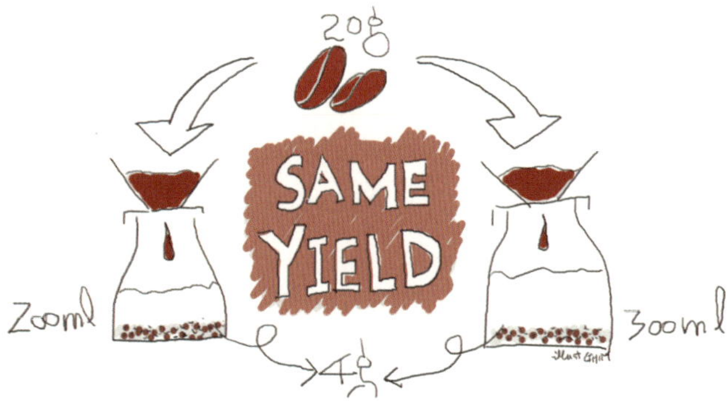

커피집 운영자로 매장에서 구매하는 커피의 추출 수율을 미리 알 수 있다면 어떨까. 수율은 재료비와 연관된다. 수율은 잘 드러나지 않는 부분이므로 그냥 지나칠 수 있다. 신중하게 고려하여 재료선택과 활용가치를 생각해보자.

1.3 농도는 향미에 영향을 미친다

농도란 일정량의 물에 녹아있는 고형물질의 양을 의미한다. 농도의 일반적인 표현 방법은 '진하다' 혹은 '연하다'이다. 설탕물을 예로 들어보자. 200g의 물을 담은 두 컵(A, B)을 준비한다. A컵에는 설탕 5g을 넣고 B컵에는 10g을 넣은 다음 잘 섞이도록 젓는다. 농도는 어떤 컵이 진할까.

커피의 농도는 퍼센트(%)를 사용한다. 농도계산은 용질

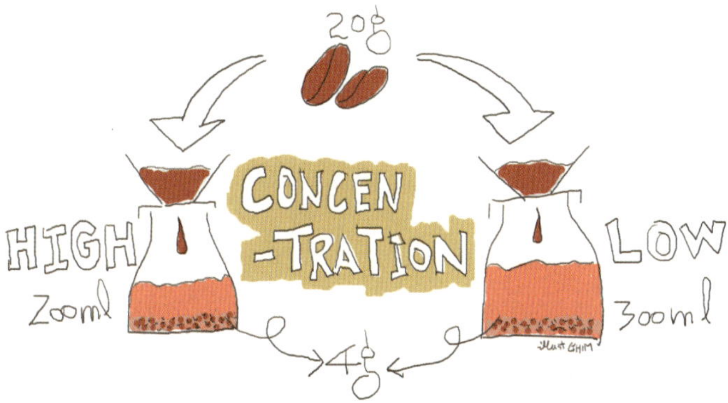

의 질량을 용액의 질량(용매의 질량 + 용질의 질량)으로 나누어 100을 곱한다. 먼저 A컵의 농도를 계산해보자. 5g을 205g으로 나누면 약 2.4%이다. 같은 방법으로 B컵을 계산하면 약 4.8%이다. 계산된 퍼센트농도로 판단하면 B컵이 A컵에 비해 농도가 진하다. 이렇게 용질의 질량을 알고 있을 때는 계산이 가능하다. 그렇다면 커피는 어떨까.

커피의 경우 농도는 측정이 가능하다. 휴대용 농도측정기를 사용하기도 하고, 커피에 특화된 고성능 측정기를 사용할 수도 있다. 하지만 커피의 경우 추출된 고형물질의 무게를 알 수 없기 때문에 계산만으로 다 알 수 있는 것은 아니다. 그럼에도 우리는 국물문화를 통해 농도에 대한 개념을 몸으로 익혔기 때문에 충분히 이해할 수 있다.

농도가 중요한 이유는 뭘까. 농도는 커피의 향과 맛에 영향을 미친다. 좋은 향도 농도가 진하면 불쾌하게 느껴질 수 있다. 커피의 향은 0.1% 이하이다. 향은 극소량이지만 커피를 마실 때 영향력이 크다. 농도가 연할 때 꽃향으로 느껴지던 것이 농도가 진해지면 역하게 느껴지기도 한다. 향뿐만 아니라 맛에도 영향을 미친다. 한 예로 시큼한 커피의 농도를 적정하게 낮추면 신맛이 느껴지지 않고 구수하게 느껴지기도 한다.

'맛있다'는 이상적인 커피의 농도는 분명 있다. 향이나 맛에 대한 기준은 사람마다 느껴지는 정도(역치)가 달라질 수

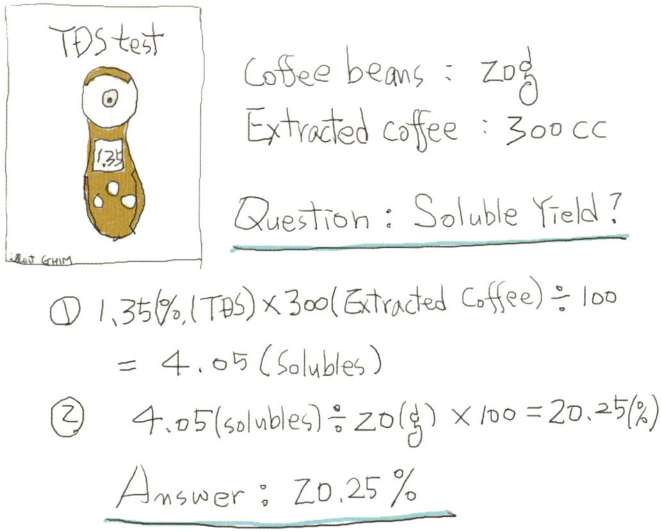

있기 때문에 별 효력은 없는 듯하다. 농도 차이에 따라 달라지는 경험을 해보지 않는다면 맛있는 커피를 찾지 못할 수도 있다. 커피를 공부하는 사람이라면 이 과정 또한 반드시 경험해 보기 바란다.

농도계산법

% = 커피수용성물질 / (커피수용성물질 + 물)

수율 = 커피수용성물질 / 커피사용량

1.4 적심(뜸들이기)은 왜 할까

적심의 시간에 따라 확산속도를 예상해보자. 예상은 먼저 원리를 알고 있어야 가능한 일이다. 변화를 쉽게 인지한다는 것은 예상도 할 수 있다는 의미이기도 하다.

우선 적심을 하는 이유부터 알아보자. 적심은 우려내려는 물질을 미리 준비시키는 것이라고 이해하면 쉽다. 생활에서 쉬운 예를 들어본다면 본빨래 전에 애벌빨래를 하거나 비눗물에 빨래를 미리 담궈두는 것과 비슷하다. 커피의 경우 물질이 마른 상태이기 때문에 찬물로 바로 우려내기가 힘들다. 물은 온도가 높을수록 분자들의 움직임이 활발해진다. 높은 온도의 물분자들은 외부에서 커피알갱이 내부로 빠르게 침투된다. 즉, 적심은 커피알갱이 내부 벽에 붙어있는 물질들을 녹여내기 위한 준비과정이다.

적심의 시간은 어떻게 될까. 필자의 경우에는 커피추출 강습을 통해서 적심의 시간을 약 20초 정도로 유지시킨다. 중급자에게는 적시기 물을 투입한 후 물에 적신 커피의 윗면이 마르기 직전에 다음 물을 투입하라고 제시한다. 고급자에게는 적심의 시간은 경우에 따라 달라질 수 있다고 말한다. 콩의 상태나 물의 온도에 따라, 추출할 커피의 양에 따라 달라질 수 있기 때문이다. 반대로 적심을 생략하고 바로 추출할 수도 있다.

적심의 시간에 따라 무엇이 달라지는가. 결론부터 말하면 확산속도가 달라지고 추출되는 물질의 양도 달라진다. 적심의 시간이 길어질수록 물질의 확산이 충분히 일어나 초반부터 농도가 진하게 추출된다. 적심의 시간이 길어지면 물질의 확산이 커피알갱이 내부에서 외부 끝까지 접근된다. 이 때 새로운 물이 투입되면서 농도차이에 의해 물질이 빠르게 외부로 흘러나오는 것이다. 적심의 시간이 길수록 커피추출이 빨리 끝나게 된다. 반대로 적심의 시간이 짧으면 콩 내부에서 외부로의 확산이 충분하지 않기 때문에 추출이 천천히 이뤄진다. 이 때는 물의 주입도 천천히 이뤄져야 한다. 확산속도는 느린데 물을 빠르게 많이 주입하면 과소추출이 된다.

앞서도 말했듯이 커피알갱이 내부에서 일어나는 현상은 눈으로 확인되지 않고 상상으로만 예측할 수 있다. 추출의 목적에 따라 적심의 유무와 시간이 결정되기 때문에 꼭 이렇게 해야만 한다는 법칙이 있는 것도 아니다. 그럼에도 불구하고 위에서 제시한 적심의 방법들을 다양하게 반복해서 해보기 바란다. 커피와 친해지는 과정이기 때문이다.

2. 커피를 추출할 때 변수는 무엇인가

커피를 추출할 때 무엇이 가장 중요할까. 재료와 도구를 제외하면 '어떻게 만들까'이다. 도구는 바뀌어도 커피의 추출 원리는 변하지 않는다. 커피추출을 해보지 않았다면 상상이 안될 수도 있다.

보다 이해하기 쉽게 '밥짓기'를 예로 들어보자. 밥을 지으려면 가장 먼저 준비할 것은 쌀과 냄비 그리고 물이다. 밥 짓는 도구의 재질, 모양에 따라 방법이 다를 수 있지만 밥 짓는 원리는 변하지 않는다. 조리는 쌀의 함수율(수분의 정도)에 맞춘 물량과 불의 조합이다. 얼핏 쉬워 보이지만, 밥짓기는 만만치 않은 일이다. 쌀의 수분정도를 잘 모르면 밥맛이 달라지게 된다.

커피추출도 밥짓기와 비슷하다. 쌀 대신 커피생두(green bean)가 재료가 된다는 점이 다를 뿐, 커피와 물의 비율, 물의 온도, 분쇄된 커피알갱이와 물의 접촉시간에 의해 맛과 향이 결정된다는 점에서는 대동소이하다. 분쇄가루와 물의 접촉시간에 의해 커피와 물의 비율이 변하기도 하고, 도구의 종류나 사용방법에 의해 분쇄정도가 달라지기도 한다.

추출원리를 이해하면 도구에 맞게 기술을 적용시킬 수 있다. 주전자를 이용하여 물을 붓는 방법이 간단하게 보이지만, 실제로 해보면 생각만큼 쉽지는 않다. 변수로 제시된 방법과 도구와 재료를 다양하게 활용하면서 연습을 반복하자.

커피를 추출할 때 변수는 많다. 개인의 동작에 대한 변수까지 논하면 너무 많아져 연습하기 어렵다. 이 책에서는 일반적인 변수에 의한 변화만을 다루겠다. 추출한 커피의 향미나 농도 등이 다르게 나타날 수 있는 변수로는 4가지가 있다. 커피알갱이의 굵기(분쇄도), 물의 온도, 추출시간, 볶음정도이다. 이 요소들은 서로 연관되어 있다. 4가지 요소의 특징을 이해하면 나만의 드립기술을 익히는데 도움이 될 것이다.

2.1 커피알갱이의 크기에 따라 추출이 달라진다

커피알갱이의 크기는 커피를 추출할 때 가장 중요한 요소이다. 굵기에 따라 물의 주입량과 속도가 달라지기 때문이다. 커피알갱이의 굵기에 따라 용질(수용성 물질)이 확산되는 거리가 달라진다. 이 때 확산되는 거리가 길면 물을 주입하는 속도를 천천히 해야 한다. 커피알갱이의 크기는 물 주입 간격이나 속도에 영향을 주게 된다.

추출시간이 같다고 가정하고, 1인용과 4인용을 비교해 보자. 커피 사용량은 1인용과 4인용이 다르다. 사용량이 많아지면 추출시간도 길어진다. 그런데 추출시간이 같다고 가정하였기 때문에 사용량이 많은 4인용은 1인용보다 커피알갱이를 크게 해야 한다. 만약 같은 크기의 알갱이로 추출한다면 4인용은 1인용에 비해 물빠짐이 느리게 진행될 것이고, 그에 따라 맛도 달라질 것이다. 1인용과 4인용의 이런 시간차는 분쇄도를 달리함으로써 맞출 수 있다. 단, 최상의 맛을 위해서는 5인용 이상의 경우 추출시간과 분쇄도를 조정할 필요가 있다.

커피추출은 우선 커피알갱이의 크기를 결정하는 것에서부터 시작된다. 편의상 커피알갱이 크기의 기준은 가정에서 사용하는 참깨의 크기로 비교한다. 참깨알갱이의 4분의 1정도로 시작해보자. 추출결과를 확인한 후, 각자의 스타일(물 주입 방법, 주입속도, 시간 등)을 고려하여 가감하면 된다.

에스프레소나 터키식 커피의 경우에는 미세하게 분쇄한 커피원두를 사용한다. 에스프레소 커피는 짧은 시간에 추출하기 때문이고, 터키식 커피는 작은 용기를 이용해 순간적으로 달여내는 방식이기 때문이다. 필터를 사용하는 경우에는 에스프레소용보다 굵게 분쇄한다. 추출방법(속도)에 따라 커피알갱이의 굵기는 달라진다. 본인의 추출 스타일에 맞는 굵기를 찾는 것이 중요하다.

2.2 물의 온도는 추출수율을 바꿀 수 있을까

물의 온도는 추출수율에 적지 않은 영향을 끼친다. 물의 온도가 높을수록 커피의 수용성 물질이 많이 배출되고, 물의 온도가 낮을수록 적게 배출된다. 물의 특성으로 온도가 높아지면 물분자의 운동도 활발해지게 되고, 추출수율 역시 높아지게 된다.

현장에서는 물의 온도가 낮을 경우 추출시간을 늘려서 커버하기도 한다. 차가운 물로 커피를 추출하는 콜드브루(cold brew, 더치커피)의 경우 시간을 대폭 늘려 천천히 추출해야 하는 것도 이런 원리 때문이다.

물의 분자운동 원리를 이용하여 커피가 매우 쓰거나 시큼하다면 오히려 물의 온도를 약간 낮춰 추출하기도 한다. 쓰거나 시큼한 커피를 높은 온도에서 추출하면 쓴 물질이나 시큼한 물질이 더 많이 용해되어 추출된다.

2.3 추출시간은 왜 달라질까

커피를 추출할 때 중요한 3요소는 커피알갱이 크기와 물의 온도, 그리고 추출시간이다. 앞에 언급한 항목들이 정해지면서 추출시간도 정해진다. 반대로 추출시간을 기준으로 커피알갱이 굵기를 결정해도 된다. 하지만 시간을 먼저 결정하고 커피알갱이의 굵기를 맞출 경우에는 추출수율을 맞추기가 어려워지기도 한다.

추출시간은 분쇄도와 물의 온도를 감안해서 계획한 수율에 맞게 결정된다. 적정수율을 미리 알고 있다면 시간에 맞게 추출하면 된다. 원두상태의 커피는 시간이 지날수록 주변 환경의 차이나 보관상태에 따라 수분율이 달라지고 메일라드(maillard, 갈변화) 등이 진행되기 때문에 정확한 수율을 알 수는 없다. 그래서 경험과 통계치, 확률을 감안해 어느 정도의 수율을 설정한 다음 수율보다 많은 양을 사용하는 등의 융통성을 발휘하기도 한다.

커피추출에서 각각의 요소들은 다 중요한 변수가 된다. 그래서 어떤 게 더 중요하고 어떤 게 덜 중요하다고 보기 어렵다. 스스로의 경험과 공부를 통해 본인의 취향과 스타일, 추구하는 맛에 맞는 순위를 정하는 것이 좋다.

2.4 볶음정도가 다르면 무엇이 달라지나

커피를 추출할 때 볶음정도는 맛과 향에 영향을 많이 미친다. 볶음정도에 따라 전혀 다른 향미가 나타나기도 한다. 커피의 맛과 향은 선호도에 따라서도 달라진다. 각자가 좋아하는 볶음정도를 선택하면 된다. 무엇보다 중요한 것은 볶음정도에 따라 수율도 달라진다는 점을 잊지 말아야 한다는 것이다. 이런 전제 하에 수율에 맞춰 커피의 양을 정하면 된다.

동일한 조건에서 추출해도 모든 볶은커피의 추출수율이 같은 것도 아니다. 커피에 따라 수율은 얼마든지 달라질 수 있다. 다양한 커피를 구해 추출해보는 수밖에 없다.

추출의 변수 4가지는 서로 상호작용을 한다. 커피알갱이의 크기가 달라지면 추출되는 시간도 달라진다. 또한 온도가 달라지면 수율이 달라지고 수율을 맞추기 위해 시간을 달리하기도 한다. 볶음 정도가 달라지면 물의 온도뿐만 아니라 분쇄도와 물 주입 속도도 달라진다.

이와 같이 커피 추출은 어느 한 가지 요인에 의해서만 결과물이 정해지는 것은 아니다. 변수에 따른 결과물을 알고 있으면 조건이 달라졌을 때 대처하기 쉽다. 제시된 변수가 아니더라도 경험을 통해 몸에 익힌다면 추출을 더 잘 할 수 있지 않을까.

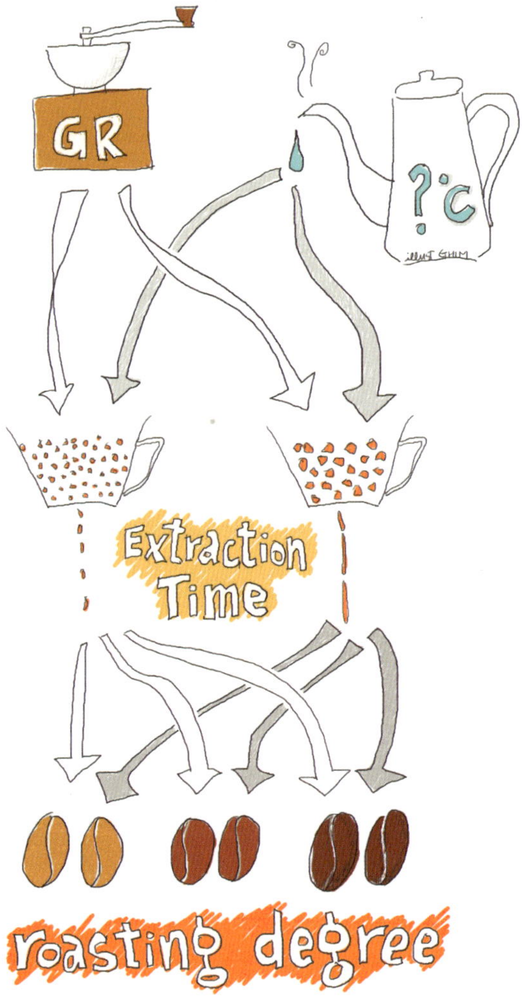

3. 추출시 알아야 할 것들은 무엇인가

3.1 추출의 수율과 농도의 기준은 뭘까

추출할 때 맛있다고 느끼는 적정비율에 대한 기준이 있다. 커피 전문가들은 수율과 농도가 기준이라고 한다. 이 기준은 어디서 어떻게 정의되는지 알아보자.

1995년 미국스페셜티커피협회(SCAA)는 커피 브루잉 콘트롤 차트(coffee brewing control chart)를 제시하였다. 해당 차트는 'The Brewing handbook'에서 확인할 수 있다. 이 차트에서는 물 6온스(약 180ml)의 컵을 기준으로 커피 9-11g 사용이 적절한 농도와 수율(extraction-soluble yield)을 만들 수 있는 범위라고 제시하고 있다.

이는 6온스 상당의 물을 사용하여 10g커피에서 약 2g의 수용성 고형물질을 추출한다는 의미이다. 차트 기준에 따른 최대 커피물질은 약 2.8g정도이다. 물에 녹아나온 물질을 제외한 부분은 물에 녹지 않는 섬유질 등 커피를 추출하고 남은 커피알갱이들을 말한다.

앞서 우리는 커피를 볶는 방법에 따라 볶여진 커피의 추출수율이 다양하게 나타날 수 있다고 짚은 바 있다. 볶여진 커피의 수율이 기준으로 제시된 표와 정확하게 일치하지 않을 수도 있을 것이다. 추출 시 차트를 참고로 할 수는 있지만 선택한 커피에 따라 계량을 가감할 필요가 있다. 커피를 연하게 볶았는지, 강하게 볶았는지에 따라 다르기 때문이다. 이런 이유로 Coffee Brewing Center와 Nordic Brewing Center에서는 수율의 기준을 정할 때 볶음커피의 컬러(Agtron)는 #65에서 #55 범위의 커피를 사용했을 때라고 정의하였다.

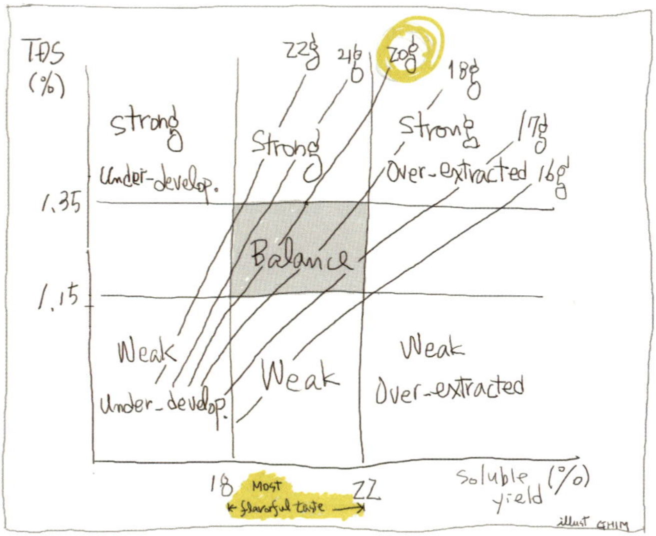

3.2 기준을 맞추면 커피가 맛있을까?

투과방식의 추출은 확산과 함께 물이 아래로 흐르는 힘(중력)에 물의 무게에 의한 눌림(압력)이 합쳐진 힘의 현상이다. 물이 위에서 아래로 흐르는 자연적인 현상을 막을 수는 없다. 이와 같은 자연현상을 활용하여 추출하는 방식이 투과법이다. 도구의 형태나 기능에 따라 아래로 흐르는 현상을 다소 제어할 수는 있다. 그러나 물이 아래로 흐르려는 자연현상을 제어할 수 있는 시간은 길지 않다.

앞서 고형물질은 새로운 물을 주입함으로써 물과 커피의 농도차이에 의해 안으로부터 바깥으로 빠져나오는 것이라고 밝힌 바 있다. 그래서 새로운 물이 커피와 만나고 있는 시간과 다음 새로운 물이 다시 만나는 시간 사이의 간격이 중요하다. 그에 따라 농도와 수율이 결정되기 때문이다.

하지만 '농도와 수율이 커피의 맛을 결정 한다'는 뜻은 아니다. 농도와 수율이 맞다고 해서 반드시 맛있는 커피라고 단정하기는 어렵다. 농도와 수율은 확률이며 기준치에 불과하다. 따라서 직접 마셔보고 맛과 향을 확인해야 한다. 맛있는 커피 한 잔을 추출하기 위해서는 어떤 변수에 어떻게 대응할 것인가를 고려해야 한다.

3.3 과다추출과 과소추출의 의미는 무엇인가

커피의 추출은 확산현상, 중력, 물의 압력, 분쇄도, 볶음 정도에 의해 결정된다. 원하는 추출량에 의해 농도도 결정된다. 농도가 맞지 않으면 '맛이 없다'라고 말한다. 과다추출이 되면 농도가 적당해도 맛이 없다고 느껴질 수 있다. 반대로 과소추출이 되면 커피의 향미가 떨어진다. 커피가 과소비되는 느낌을 받기도 한다.

과다추출과 과소추출은 무엇인가. 과다추출, 과소추출이 왜 중요할까. 어쨌건 과다와 과소는 커피추출에서 바람직하지 않은 결과이고, 지양해야 할 현상이다. 그렇다면 어떤 상황에서 그런 일이 일어나고, 어떻게 하면 그런 불상사를 방지할 수 있을까.

이 의문을 풀기 위해서는 먼저 앞쪽 그림을 되짚어볼 필요가 있다. 그래프에서 적정기준을 중심으로 세로선에서는 위아래에 해당되고 가로선을 기준으로는 왼쪽과 오른쪽으로 치우침을 의미한다. 다시 말해 너무 많거나 너무 적다는 뜻이다. 그렇다면 커피에서는 과다추출과 과소추출이 어떤 경우에 해당되는지, 그에 따른 문제는 무엇인지부터 하나씩 알아보자.

앞서 수율의 설명에서 수박에 관한 예를 들었다. 커피에서 수박의 가장 가운데 부분인 한 수저만큼만 추출을 할 경우 과소추출이 된다. 과소추출은 추출의 기술이 특별히 요구되지 않을 수 있다. 추출의 전반부에서만 추출이 이루어지기 때문이다. 때로는 추출 전반부에서만 추출을 한 후 농도를 맞추기 위해 물을 첨가하는 경우도 있다. 또한 커피를 평소보다 많이 사용하여 일부만 추출해서 마시기도 한다. 이와 같은 현상은 좋은 의미의 과소추출이다.

반대로 안 좋은 향미를 가지는 과소추출은 농도가 너무 낮게 추출되는 현상을 말한다. 이런 경우 커피에서 종이향이나 풋내와 함께 넛티향이 약하게 느껴지기도 한다. 이는 물주입이 너무 강하게 되어 커피를 충분히 우려내지 못했기 때문에 나타난 현상이다. 즉, 물이 커피의 겉만 핥고 지나쳤다는 얘기가 된다. 이와 같은 현상이 나타나면 물 주입의 속도를 조절하면 된다. 좋은 의미에서 과소추출을 유도하는 것은 개인의 취향일 수도 있다. 다만 커피음료를 판매하는 입장에서는 재료의 가성비 또한 중요하므로 신중하게 선택해야 할 것이다.

과다추출은 커피에서 우려지는 물질들을 너무 많이, 지나치게 샅샅이 추출했을 때를 말한다. 과다추출은 커피 전체에서 이뤄질 수 있지만, 간혹 커피알갱이 일부에서 나타나기도 한다. 커피 전체에서 과다추출이 나타나면 수정하기는 쉽다. 마지막 물을 주입하지 않고 추출을 끝내면 된다. 만약 커피 중간 부분에서 과다추출이 나타나면 수정이 어렵다. 이유는 추출 전체과정 중 어느 부분이 잘못되었는지 관찰과 분석이 필요하기 때문이다. 잘못된 부분을 찾고 수정해야 하는 것이다.

가장 큰 문제는 커피알갱이와 물이 골고루 만나지 못한 경우이다. 물이 커피알갱이의 부분으로만 지나치거나 드문드문 주입이 된 경우 한 잔의 커피에서는 과소와 과다가 동시에 나타날 수도 있다. 과다추출의 경우 커피의 향미에서 잡맛(커피에서 느껴지지 않아야 하는 맛들 – 텁텁함, 떫음, 쓴맛 등)이 나기도 한다. 자세한 수정방법은 3부의 잡맛을 잡는 경우를 참고하자.

3.4 침출방식과 투과방식의 차이는 뭐지

커피를 추출할 때는 커피알갱이 하나하나가 뜨거운 물과 골고루 잘 만나야 한다. 편중되지 않은 추출을 위한 작업이다. 커피와 물의 접촉방식은 크게 2가지로 나뉜다. 위에서 아래로 통과하는 투과방식과 물 안에서 머물도록 하는 침출방식이다. 침출방식은 투입구와 배출구가 같은 경우와 다른 경우로 나뉜다.

투과방식은 도구 내부에 종이필터를 장착한 후 커피가루를 필터에 담아서 물을 붓는 방식이다. 이 방식은 일부 침출과 함께 물 높이의 압력을 이용하는 추출이다. 이 때 중력이라는 힘이 함께 적용된다. 커피가루 윗면에 물을 주입하여 도구 아래로 물을 통과시키기 때문에 투과방식이라고 말할 수 있다.

투과방식의 추출은 커피알갱이 내부로부터 겉면으로 커피물질의 확산을 지속적으로 유지한다. 투과방식에서 농도나 수율의 변수는 물의 주입속도와 양에 의해 이루어진다. 커피물질의 확산이 지속되려면 새로운 물을 점진적으로 주입하거나 물의 주입간격을 넓힌다. 농도조절이 가능한 만큼 추출의 효용성이 높다고 볼 수 있다.

침출방식은 용기에 커피가루와 물을 동시에 담근 채 우려내는 방식이다. 가루가 가라앉으면 윗물을 따라 마시는 형식을 띄게 된다. 침출방식은 물에 커피를 담근 상태로 커피알갱이들이 특별히 움직이지 않는다. 또한 새로운 물을 추가로 주입하지도 않는다. 처음에는 확산이 잘 일어나는 듯 보이지만 처음상태 그대로 유지된다면 확산이 느려지고 더 이상 진행이 안 된다.

침출방식은 단순히 접촉시간에 의해서만 확산되는 추출법이다. 커피와 물의 새로운 만남이 없는 소극적인 확산으로 인해 농도가 눈금처럼 차이(그라데이션)를 보인다. 다른 말로는 단계적 농도평형상태라고 일컫는다. 현상은 이렇다. 일차로 커피알갱이 내부와 겉면의 농도평형이 일어난다. 이후 커피알갱이 겉면과 물과의 접촉면이 서로 농도평형을 이룬다. 다음으로 커피가 우려진 물과 새로운 물과의 농도가 평형을 이룬다. 이 현상은 마치 물감이 점진적으로 진한 색으로부터 연한 색으로 변화하는 현상과 유사하다. 커피알갱이 부근을 확대해서 관찰해보자. 커피알갱이 겉면과 물 사이에서 확산이 단계적으로 이루어졌음을 확인할 수 있다.

이 농도평형의 모습을 깨지 않은 상태에서 추출된 커피는 농도가 연하다. 그래서 침출 중간에 그라데이션 상태를 깨주는 동작이 필요하다. 추출 중간에 보조도구를 이용하여 저어주거나 용기를 흔들어주는 것이 좋다. 젓는 동작을 너무 많

이 하거나 여러 번 하게 되면 과다추출이 예상되므로 몇 번 해보고 횟수를 결정하는 것이 좋겠다.

일반적으로 농도는 침출과 투과방식 중 어느 쪽이 더 진할까. 만약 추출시간이 같다면 농도는 투과방식이 더 진할 것이다. 보통은 침출방식의 농도가 더 진할 것이라 예상하지만 실제는 반대다. 이유는 간단하다. 투과방식은 새로운 물이 간격을 두고 주입되기 때문이다. 침출방식이 투과식보다 연하게 추출되는 이유이다.

3.5 커피에 물을 어떻게 부어야 할까

커피알갱이에 물을 붓는 방법은 여러 형태가 있다. 방울방울 떨어뜨리는 방법, 나선형으로 그림을 그리듯 물을 주입하는 방법, 꽃 모양을 그리듯 주입하는 방법 등이다. 물을 어떤 모양으로 주입하느냐보다 물을 부드럽고 가볍게 흘리는 것이 더 중요하다. 물줄기의 길이는 커피알갱이에 최대한 가까이 하여 짧게 유지한다.

경험이 부족한 사람이 처음부터 물을 부드럽게 주입하는 것은 쉽지 않다. 그래서 주전자의 주둥이에서 수면을 향해 물이 떨어지는 각도가 90도로 유지되도록 한다. 물줄기의 각도를 90도로 유지하는 이유는 주전자의 코에서 만들어지는 물의 압력을 최대한 줄여주기 위함이다. 물이 주전자의 목을 따라 쭉 뻗어나가는 형태는 물줄기의 압을 강하게 만든다. 주둥이가 최대한 커피알갱이들이 모여 있는 면과 가깝게 유지해야 안정적이라는 뜻이다. 주둥이가 드리퍼에서 멀어질수록 낙차가 강해져 부드럽게 물을 주입하기 어려워진다.

드리퍼는 크기가 작기 때문에 한꺼번에 많은 물을 주입할 수 없다. 추출구가 큰 원뿔형 모양은 물의 흐름도 빠르다. 따라서 물 주입속도를 조금 느리게 할 필요가 있다. 추출구가 크기 때문에 많은 물을 빠르게 주입하면 자칫 커피가 연하게 된다. 과소 추출된 커피는 향미가 부족하다.

추출구가 작은 드리퍼(칼리타, 멜리타)나 아래로의 물의 흐름이 다소 느린 드리퍼의 경우도 한 번 붓는 물량도 적어져야 한다. 추출구가 제한적이라 도구 아래로 빠져나가는 물이 제한되기 때문이다. 물을 도구에 가득 차도록 주입할 경우 침출도 일부 진행된다. 이런 드리퍼들은 물의 흐름이 빠른 도구보다는 확산시간이 길다. 또한 중력의 힘을 이용하기 때문에 완전히 침출만 으로진행되는 도구보다 커피물질이 잘 용해된다. 결국 커피를 추출할 때 가장 중요한 것은 물을 부드럽게 골고루 잘 붓는 것이다.

이제 '골고루' 붓는 방식에 대한 이야기를 해보자. 골고루 붓기 위해 도구의 모양을 생각해 보지 않을 수 없다. 만약 도구가 네모이면 직선 혹은 네모를 그릴 것이다. 그러나 현재 사용하고 있는 도구들의 모양은 원이다. 추출할 때 골고루 붓기 위해서는 원을 그릴 수밖에 없다. 왜 나선형 모양의 물 그림을 그려야 하는지 알 수 있다. 주입 방법에 대한 훈련 방법은 3부에 제시한다.

3.6 추출할 때 커피 사용량은 무게로 할까

기준은 재료가 일정하면 정하기 쉽다. 그러나 재료가 다양해지면 표준화하기에 어려움이 있다. 커피의 품종 등 재배기술이 발전되고 볶음정도도 다양해짐에 따라 기준을 정하기가 점점 더 어려워지고 있다. 일반적으로 고체는 무게단위로, 액체는 부피단위로 측정된다. 커피를 추출할 때 사용할 커피는 무게 중심이다. 추출되어진 양은 부피로 한다. 음료를 제조할 때 기준이 있다는 것은 누가 만들어도 같은 맛을 유지하기 위해서일 것이다.

무게와 부피의 사용과 적용에 대한 기준은 미국스페셜티커피협회(SCAA)에서 발간된 책자에서 추출그래프(brewing chart) 형태로 제시했다. 여기에서는 추출을 위해 주입되는 물 1리터에 사용하는 커피는 55-65g으로 책정하고 있다. 기준에는 단위가 동일하지 않다. 그럼에도 몇 년 전부터 각종 대회에서 저울을 이용하는 경우가 많아졌다. 근래에는 로스터리카페에서도 드립으로 추출할 때 저울을 이용하는 경우를 흔하게 볼 수 있다.

추출되는 커피를 무게단위로 측정하면 드리퍼에 주입되는 물의 무게 또한 체크한 후 주입하여야 한다. 추출되는 커피에서 물의 무게와 차이를 계산하여 수율과 농도를 맞추어야 한다. 하지만 일반적으로 커피를 추출할 때 물이 가득한 주전자를 이용한다. 이때 물이 주입되는 무게로 계산하기 때문에 정확한 수율과 농도를 체크하기는 어렵다. 커피의 상태는 볶을 때뿐만 아니라 볶고 난 후에도 계속 변한다.

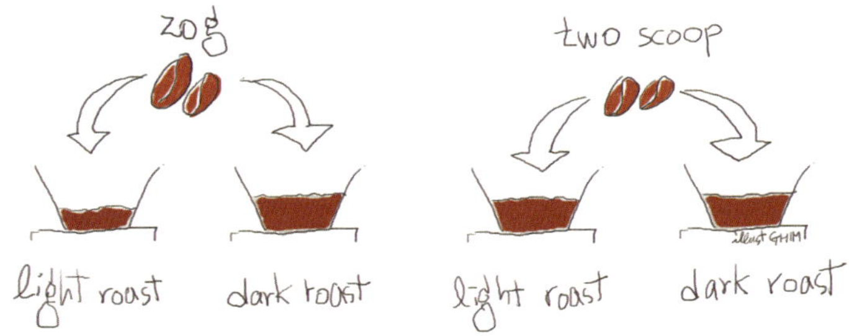

커피를 추출할 때 사용할 커피를 무게보다 부피로 하면 어떨까? 이런 제안을 하는 이유는 볶음정도에 따라 부피와 밀도가 현저하게 달라지는 커피의 특성 때문이다. 부피가 달라지면 수율도 달라진다. 예를 들어 강하게 볶은 커피는 약하게 볶은 커피보다 무게가 가볍다. 강볶음과 약볶음을 각각 계량스푼으로 한 스푼씩 떠서 무게를 재보면 분명하게 차이가 난다. 따라서 강볶음 커피를 약볶음과 같은 무게로 추출하면 커피는 더 진하게 된다. 같은 무게 10g이면 약볶음이 강볶음보다 부피가 더 작다. 볶음정도에 따라 추출수율이 다른 이유는 과학적으로 정확하게 알 수 없다. 단지 수분정도와 기공의 변화, 열공급 방법 등에 의한 것이라고 추측할 뿐이다.

3.7 나의 기호에 맞추어 커피의 양을 정하자

커피를 추출하기 위해 커피와 물량의 계량은 어떻게 결정할까? 드립도구를 판매하는 회사들은 도구에 맞는 추출방법을 포장박스에 표기하기도 한다. 일반적인 방법 혹은 판매사에서 제시한 방법으로 추출하여 맛을 본다.

나만의 기준이 없다면 일단 이렇게 해보자. 가장 단순한 방법으로 1-2인용 드리퍼에 10g용 스푼을 이용하여 2스푼을 분쇄한 다음 300ml를 추출하는 것이다. 혹은 300ml의 머그컵을 기준으로 커피알갱이를 15.4g에서 16.8g 사용하여 물 350ml의 뜨거운 물로 추출해 본다. 추출시간은 약 3분 정도가 적당하다.

맛을 보고 진하다고 생각되면 커피의 양을 조금씩 줄여서 다시 해본다. 반대로 연하다고 느껴지면 커피의 양을 조금씩 늘려서 추출하고 마셔본다. 만약 진하게 추출되었다면 물을 섞어 희석하여 마셔도 된다. 반대로 연하게 추출된 커피는 수정하기 어렵다. 의도적으로 시도하는 것이 아니라면 추출을 신중히 할 필요가 있다.

다양한 커피를 제공하는 음료매장들은 사용하는 원두 양이 각기 다르다. 커피전문점을 방문하여 커피원두를 구매하고 드립커피도 즐기면 좋겠다.

3.8 물의 온도는 어떻게 정하나

물은 온도가 높을수록 용질이 많이 용해된다. 커피를 비롯하여 차를 우릴 때에도 물의 온도가 높을수록 수용성 고형물질이 많이 용해된다. 때문에 우리는 재료가 무엇이냐에 따라 온도와 시간도 다르게 해야 한다. 예를 들면 같은 농도로 차를 우린다면 90℃ 때보다 60℃의 물로 우릴 때 시간을 더 길게 해야 한다. 높은 온도의 물은 낮은 온도의 물보다 에너지가 커서 더 많은 물질을 확산시킬 수 있다.

커피추출에서는 직접 끓이는 방법을 선택하지 않는다. 이유는 끓일 경우 커피의 모든 물질들이 빠져나와 쓰고 떫은 커피가 되기 때문이다.

물론 예외는 있다. 에티오피아에서는 지금도 커피를 빻아서 뜨거운 물과 함께 팔팔 끓이는 전통적인 추출법을 고수하고 있다. 이럴 경우에는 커피의 쓴맛이 강조되기 때문에 설탕이나 향신료를 넣어 중화시키기도 한다.

커피 추출용 머신들은 물 온도를 92-95℃ 정도로 맞추어서 판매되고 있다. 부르잉 머신을 이용할 경우 강하게 볶은 커피보다는 중간이나 약하게 볶은 커피가 적당하다. 높은 온도의 물은 커피가 가지고 있는 본연의 수용성물질이 나올 확률을 높인다. 강하게 볶은 커피는 쓴맛이 강해지기 때문에 추출할 때에도 쓴맛이 나올 확률이 높다. 그래서 강하게 볶은 커피는 일반적으로 물의 온도를 낮춘 머신을 사용하거나 커피 사용량을 줄이는 방법을 쓰기도 한다.

물의 온도는 사용할 커피가 어떤 맛과 향을 가지고 있느냐에 따라 달라질 수 있다. 강하게 볶인 커피가 아니라면 물의 온도를 90-94℃에 맞추어 시작한다. 강한 볶음의 커피라면 약 88-90℃에 추출을 시작한다. 온도계가 없다면 끓고 난 물을 한 김 날리고 사용하면 된다. 하지만 정확성을 기하기 위해서 되도록이면 온도계를 사용하는 것이 좋겠다.

3.9 커피 분쇄입자가 왜 다를까

커피의 분쇄입자가 커피마다 다른 이유는 크게 2가지이다. 우선은 그라인더의 칼날의 형식에 따라 알갱이들의 분포도가 달라지는 데에서 비롯된 현상일 수 있다. 커피를 분쇄해서 자세히 살펴보면 커피가루의 크기가 고르지 않다는 것을 알 수 있다. 이는 볶은 커피콩이 부서지기 쉬운 다공질의 건조물이기 때문에 나타나는 불가피한 현상이다. 가늘게 자르며 분쇄하는 과정에서 미세하게 부스러지는 것(미분)을 완벽하게 피하기가 어렵다.

다른 하나는 커피의 볶음정도에 따라 같은 그라인더의 같은 눈금에서도 알갱이의 크기가 다르게 분쇄된다는 점이다. 커피를 분쇄할 때 크기가 달라지는 이유 중 가장 큰 변수는 커피를 볶을 때이다. 열공급 방법에 의해 커피콩의 잔존 수분율이 달라질 수 있다. 또한 밀도의 차이에서도 크기가 달라질 수 있다. 그라인더의 눈금을 고정할 경우 약하게 볶은 커피는 강하게 볶은 커피보다 단단해서 굵어질 확률이 높다. 추출하기 전에 사용할 커피를 소량 테스트한 후 적당한 크기로 조절하여 사용하는 것이 좋다.

3.10 커피알갱이들의 크기는 일정해야 하나

커피알갱이가 같은 크기로 균일하게 분포되어 있는 것이 좋을까. 크기가 다른 알갱이들이 섞여 있는 것이 좋을까. 장단점이 있겠지만 크기가 섞여 있는 편이 좋다. 큰 알갱이들 사이에 조금 작은 알갱이들이 섞여서 공극을 최소화시켜주기 때문이다.

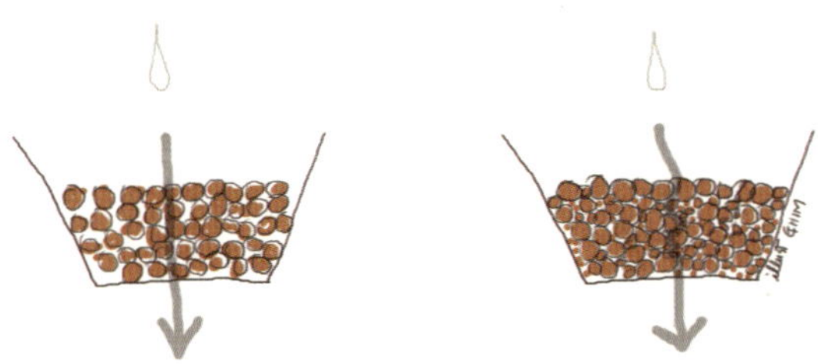

공극이 줄어들면 물이 빠르게 흐르는 것을 제어할 수 있다. 물의 흐름을 제어한다는 것은 곧 커피가루와 물의 접촉시간을 늘려준다는 뜻이다.

1부에서 분쇄방식에는 밀형과 칼날형이 있다고 설명하였다. 커피는 수분이 많은 연질의 무와 같지 않고 딱딱하다. 그렇기 때문에 어떤 방식의 분쇄기든 칼날을 지나기 전에 으깨는 방식을 거치게 되고 불규칙한 알갱이들과 함께 미분이 발생된다.

커피알갱이는 미분이 많고 적음에 따라 추출에 영향을 미친다. 미분이 전혀 없다면 추출의 흐름이 너무 빠르게 된다. 확산되는 시간도 부족하여 커피 고형물질을 충분히 얻을 수 없다. 반면에 미분이 많이 발생하면 추출하는 도중에 종이필터가 막혀 추출이 멈출 수 있다. 미분이 많지 않다면 굳이 제거할 필요는 없다. 그래도 미분이 불편하다면 제거해도 상관없다.

B. 관찰을 통해 단계별로 이해하자

기술을 습득하기 위하여 필요한 것은 관찰이다. 관찰을 통해 어떻게 하는가를 알게 된다. 관찰을 통해 차이에 대한 질문을 만들고 생각을 하게 된다. 관찰은 깊은 통찰을 이끌어 내는 통로이자 수단이다. 지금까지의 설명과 경험을 토대로 집중하여 살펴보자. 이를 통해 우리는 한 걸음 더 깊게 다가감과 동시에 체계화 단계로 나아갈 수 있다.

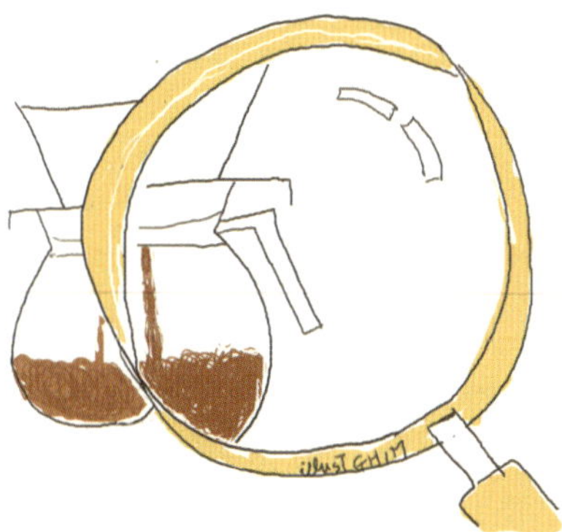

4. 추출의 전체과정을 관찰하자

전체과정은 부분을 이해하기 위한 첫 번째 단계이다. 추출의 전체과정은 추출의 시작부터 끝날 때까지를 말한다. 추출의 전체과정을 나열하면서 무엇을 관찰할지 알아보자.

추출의 전체 과정은 다음 순서로 정리할 수 있다.

① 커피를 알맞는 크기로 분쇄한다. 분쇄되는 알갱이들의 크기가 다른지, 어떤 형태로 보이는지 파악한다. 분쇄된 커피알갱이의 크기나 모양에 따라 물을 흡수하고 배출하는 것이 다를 것이다.

② 다음은 주입할 물을 준비한다. 몇 도의 물로 추출을 할 것인지 결정한다.

③ 커피가 담겨진 드리퍼에 물을 차례대로 주입한다. 주입하면서 보이는 현상을 관찰한다. 드리퍼에 물을 주입하는 과정에서 드리퍼 아래쪽, 포트에 떨어지는 커피물도 파악한다.

④ 농도와 추출되어지는 양을 체크하면서 물을 주입한다. 정해진 양이 다 추출되면 드리퍼에 물을 주입하는 것을 멈춘다.

⑤ 추출된 커피의 맛과 향을 체크한다.

추가로 관찰해야 하는 포인트는 무엇이 있을까. 커피가 담겨진 드리퍼에 물을 주입하면서 추출되는 과정을 살펴보자. 물이 아래로 흐르는 속도가 빠른지 아니면 느린지, 거품의 색과 크기는 어떤지 등이다.

이 모든 과정들을 알고 진행하는 것이 중요하다. 커피마다 추출이 항상 같을 수는 없다. 때문에 각각의 커피에 맞춰 추출하기 위해서는 집중과 관찰이 필요하다.

What do I observe?
GR
SIZE
shape
WATER
temperature
Strength
yield
FLAVOR
taste

5. 단계별로 관찰하자

전체과정을 이해하였다면 이젠 단계별로 관찰해보자. 단계별로 관찰하는 이유는 추출할 때 결과물이 다르게 나올 경우 수정할 수 있는 원인을 찾기 위해서이다. 일반적으로 손으로 추출할 때 물을 3-4번 정도 주입한다. 단계별로 변화를 인지하면 물 주입 속도와 양을 조절할 수 있다. 물을 한 번씩 주입할 때마다 보이는 현상을 관찰하는 것이다.

또한 거품의 색이나 크기 등을 관찰하면 사용할 물의 온도를 조절할 수 있다. 특히 신선한 커피의 경우 가스에 의해 추출이 지연될 경우 추출 도중 수정도 가능하다. 커피의 종류마다 공통적 부분과 다른 부분을 이해할 수 있기 때문에 관찰은 매우 중요하다.

6. 우선 추출을 해보자

기술을 익히고 싶다면 우선 해보자. 아무 조건 없이 모르는 상태에서 해보는 것도 좋은 방법이다. 해봐야 무엇이 문제인지, 어려운지 알 수 있다. 어렵다는 것을 인지하면 문제의식이 만들어지고 해결책을 찾아보려 한다. 무조건 추출해보는 것은 다음 단계로 넘어가기 위한 가장 좋은 방법이다. 그 다음은 변수에 적응하면서 해결해 나가는 단계이다.

이론을 알고 있다고 기술이 뛰어난 것은 아니다. 하지만 이론을 모르면 기술도 발전할 수 없다. 이론을 바탕으로 기술을 '내꺼화'하고 새로운 커피가 주어졌을 때 맛나게 추출할 수 있도록 훈련해보자. 일단 해보는 것은 맛있는 커피를 추출하기 위한 첫걸음이다.

7. 관찰일지를 써보자

우리는 관찰을 통해 문제를 해결할 수 있는 능력을 만들어 낸다. 커피를 추출하는 기술은 일반적으로 쉬워 보인다. 그래서 자세히 관찰할 필요를 느끼지 못한다. 그럼에도 불구하고 추출할 때 관찰한 것을 기록해보자. 지금 당장 관찰기록이 필요한 것은 아니다. 경험에 의하면 처음에는 관찰이 잘 안 된다. 그래도 기록을 계속하면 다른 점을 발견하게 된다.

차이를 느낄 때 왜 이런 현상이 일어날까라는 의문이 생긴다. 이때 다르게 느껴지는 것이 많을수록 기록을 남기는 것이 좋다. 어떤 동작에서 어떤 현상이 나타나는지에 대한 기록은 추출을 하지 않더라도 추출에 대한 생각을 할 수 있게 해준다. 기록은 문제가 발생될 때 스스로 해결점을 찾을 수 있는 시작이 되기도 한다.

반복적인 경험이나 충격이 없다면 기억은 사라진다. 사라진 기억은 당시의 기록으로 복기할 수 있다. 과거의 기록을 보고 기억을 꺼내는 것이다. 이것이 반복되다 보면 자연스럽게 내 안의 정보를 꺼내어 문제점 혹은 해결점을 스스로 찾을 수 있을 것이다. 이제부터라도 관찰일지를 써보자.

8. 관찰을 통해 현상을 이해하자

일반적으로 기술은 결과물을 보고 문제점을 판단할 수 있다. 커피로스팅의 경우 특히 그러하다. 그러나 추출의 경우에는 추출 도중에 문제점을 발견할 수도 있다.

예를 들어 추출할 때 평소보다 주입된 물이 빨리 빠진다고 가정해 보자. 평소에 물을 주입하는 속도와 같았는데 빠르게 추출된다면 커피알갱이가 큰 것이다. 이와 같은 현상을 이해하였다면 추출을 중지하고 커피알갱이의 크기를 다시 조절한 후 추출할 수 있다. 만약 추출 초입에 인지되었다면 물을 주입하는 속도를 늦추면 된다.

결국 추출 도중 보이는 현상에 따라 물 주입속도나 양을 조절할 수 있는 것은 관찰력이다. 관찰력은 나의 기술력을 높여줄 수 있는 무기이다. 소홀히 하지 말고 습관화할 필요가 있다.

9. 결과물의 판단이 중요하다

추출 도중 평소와 다르게 추출되는 것이 관찰되었을 때 결과물 그대로를 마셔보고 판단해도 좋다. 수정하지 않았을 때 나타나는 결과물을 경험하는 것도 유용하다. 다음에 같은 현상이 관찰되었을 때 결과물을 미리 예측할 수 있기 때문이다. 추출하는 중에 수정을 한 결과물과 수정하지 않은 결과물이 어떻게 다른지 알 수 있다면 추출에 대한 이해가 높은 것이다.

추출을 잘 하기 위해서는 결과물에 대한 판단이 객관적이어야 한다. 커피는 감각으로 판단하기 때문에 커피 향과 맛에 대한 이해가 없다면 혼자만의 도취에 빠지기 쉽다. 그렇기 때문에 커피를 잘 하기 위해서는 향미에 대한 공부도 필요하다. 가이드를 해줄 선배나 그룹이 있다면 더욱 좋다.

3부

실습하기

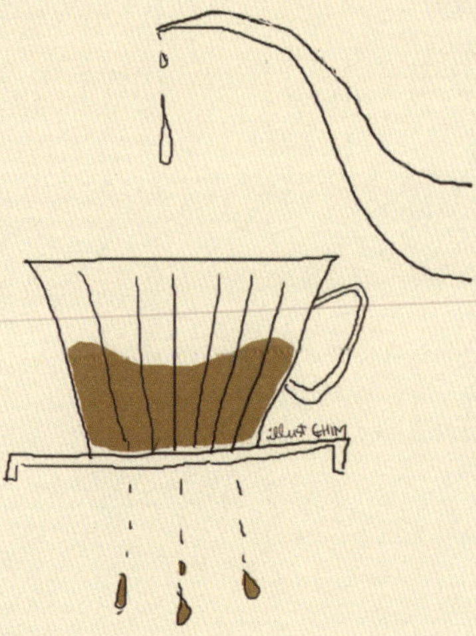

1. 추출의 시작은 물붓기부터이다

굳이 따지자면 추출의 시작은 분쇄부터이다. 분쇄커피의 굵기는 추출시간에 영향을 미친다. 분쇄정도가 중요하다는 것은 앞서 설명하였다. 커피의 굵기를 이해하는 것은 감각이다. 3부에서는 추출실습의 시작으로 물 붓는 자세부터 이야기해보자.

1.1 따라하자

이제 직접 추출을 해보자. 어떤 기술이든지 처음 시작할 때는 따라하는 것이 가장 좋다. 학교나 학원에서 배우면 더 좋다. 배울 때 배경지식이 있다면 매우 좋다. 왜냐하면 배경지식이 있는 상태라면 정보를 받아들이는 속도가 빨라지기 때문이다.

인터넷이 활발한 요즘에는 SNS나 유튜브를 많이 활용하기도 한다. 동영상을 보면시 직접 따라해 보는 것도 나쁘지 않을 것이다. 모든 기술에는 기본원리가 있다. 그래서 사람마다 기본원리를 바탕으로 각각의 방법을 전수한다. 때문에 따라하는 경우에는 많은 자료를 참고하는 것이 좋다.

따라하는 방법에 대해서 알아보자. ① 도구 하나를 선택하고, 그 도구에 관한 동영상을 찾는다. ② 시연하는 사람마다 무엇이 다른지 관찰한다. ③ 나에게 어떻게 적용할지 결정한 후 직접 해본다. 실제로 커피추출을 오랫동안 해보면 각자의 특성에 따라 추출하는 방법이 변하기도 한다.

원리를 충분히 이해한 상태에서 추출방식의 변화를 추구한다면 매우 바람직할 것이다. 그러지 못한 상태에서 변형이 일어나고 습관이 되어 몸에 굳어지면 수정하기 어렵다. 기본원리를 알아야 변형과 응용도 가능하다.

'따라하기'는 각자에게 가장 잘 맞고 편한 방법으로 시작하는 게 좋다. 오늘 방문한 커피집의 드립을 따라 해보자.

1.2 균형있는 자세가 건강에도 좋다

자세는 생각보다 매우 중요하다. 좋지 않은 자세를 오랜 기간 취할 경우 몸의 균형이 깨어지거나 틀어질 수 있기 때문이다. 어쩌다 한 번 경험삼아 하는 사람에게는 별로 중요하지 않을 수 있다. 그러나 하루 종일 추출을 해야 하는 직업인이라면 신중하게 받아들여야 한다.

직업병으로 인한 몸의 불균형은 인정할 수밖에 없을까. 불가피한 측면이 없지 않지만, 바른 자세와 정확한 동작, 체력과 지구력 보강 등을 통해 미리 예방하거나 최소화시킬 수는 있을 것이다. 볼링이나 테니스 등 몸의 한쪽을 많이 쓰게 되는 운동선수들은 팔이나 다리의 길이나 두께가 달라지게 된다. 그들은 몸의 균형을 위해 다른 운동을 병행하기도 한다.

그렇다면 커피를 내리는 자세는 어떻게 하는 것이 좋을까. 매장에서 몸이 틀어진 자세로 추출하고 있다면 교정할 필요가 있을 것이다. 그래야 건강하게, 더 오래 커피를 할 수 있기 때문이다. 굳이 이 책에 제시하는 자세가 정답이 아닐 수는 있다. 사람마다 체형이나 체질이 조금씩 다른만큼 각자가 가장 편한 자세를 취하면 된다. 그래도 오랫동안 즐겁게 일하고자 한다면 일단 기본자세는 익혀두는 것이 좋겠다.

이제 위의 그림을 보며 시작해 보자. 흔들림이 없는 자세를 취하기 위해서는 ①다리는 어깨넓이 정도로 벌리거나 주전자를 드는 팔과 반대의 다리를 약 반보 앞으로 전진 배치한다. 다리는 어깨와 나란하게 벌리는 자세가 더 좋다. ②무릎은 살짝 굽히는 것이 안정적이다. ③몸은 앞으로 약간 굽히되 허리는 펴진 상태여야 허리에 무리가 가지 않는다. 그 상태에서 ④주전자를 잡지 않는 손은 테이블 위에 살포시 놓아둔다. 주전자를 돌릴 때 몸의 흔들림을 방지하기 위해서이다. 테이블 위에 얻은 팔은 살짝 굽힌다. 만약 팔을 편 채 힘이 들어가면 어깨가 틀어진다. 테이블위에 드리퍼를 중심으로 두 다리와 삼각형 구도를 만든다.

이제 주전자를 들고 추출을 한다. 물이 들어 있는 주전자는 어깨를 중심으로 팔 전체를 돌린다. 팔꿈치를 중심으로 하면 주전자가 위아래로 움직인다. 주전자를 위아래로 심하게 움직이는 것은 물줄기의 압력에 차이가 생길 수 있기 때문에 권장할 만한 자세는 아니다. 손목의 힘에 의지하는 자세도 좋지 않다. 손목에 무리가 갈 수 있다. 추출을 많이 하거나 장기간 하는 경우라면 팔 전체를 활용해서 물붓기를 하는 게 좋다. 맷돌의 어이를 돌리듯이 편하게 돌려주면 된다.

정리를 하면 몸의 균형을 잃지 않도록 자세를 취한다. 몸의 힘을 빼자. 드립을 할 때 힘이 들어가지 않은 편안한 자세를 만드는 것이 중요하다. 좋은 자세로 필요한 곳에만 에너지를 쓰는 몸의 기술이 발휘되면 당연히 결과도 좋다.

1.3 물을 붓는 요령은 무엇일까

커피를 추출할 때 커피 다음으로 중요한 요소는 물이다. 주전자를 이용하여 뜨거운 물을 드리퍼 안에 주입한다. 물은 부드럽게 주입하라고 2부에서 말했다. 이제부터 그 요령에 대해 이야기해보자.

먼저 간단한 추출방법을 소개한다.

첫 번째 방법은 ① 물을 드리퍼에 넘치지 않도록 한꺼번에 붓는다. ② 물이 빠지기를 기다린 후 ③ 또다시 한꺼번에 두 번째 물을 붓는다. ④ 아래 포트에 마실 만큼 채워지면 ⑤ 붓는 행동을 마친다. 이보다 더 간단한 것은 없다. 단순하게 커피 한 잔만 생각하면 커피알갱이가 담긴 도구에 물을 붓는 것은 간단하다.

두 번째 방법으로 한꺼번에 붓는 방법과는 다른 단계적으로 세밀하게 물을 주입하는 방법이 있다. 이 방법은 드리퍼 내부에 물을 모기향처럼 나선형으로 골고루 붓는 동작이다. 같은 동작을 3-4회 반복한다. 한번 주입한 물이 드리퍼 안에서 다 빠지기 전에 다음 물을 주입한다. 이유는 새로운 물이 주입될 때 낙차에 의한 압력이 남아있는 물에 흡수되도록 하기 위함이다. 이 때 새로운 물은 커피알갱이 내부 농도의 편차를 만들며 커피콩 속에서 물질의 확산을 유도한다.

물을 붓는 요령을 구체적으로 알아보자. 우선 주전자의 주둥이를 드리퍼 안의 커피에 최대한 가깝게 한다. 커피에서 멀어질수록 물줄기의 압력이 강해진다. 물줄기의 끝은 커피 알갱이들의 반정도 깊이까지 주입되도록 한다. 그런 상태를 일정하게 유지하면서 나선형을 그려나간다. 이 때 나선의 간격은 촘촘할수록 좋다. 그리는 물줄기가 겹치듯이 바로 옆으로 지나치도록 한다. 그 이유는 커피알갱이들에게 주어지는 물의 양과 흐름을 일정하게 유지하기 위함이다. 나선형의 물줄기가 듬성듬성하면 커피가루 내부에 계곡이 만들어져 물의 흐름이 편중될 수 있다.

도구를 중심으로 커피의 분포도 역시 같은 두께를 유지하는 것이 좋다. 한쪽으로 치우쳐서 부풀어 오르면 넘치는 불상사가 일어나거나 필터의 바깥으로 추출이 이루어지게 된다. 또한 립(rib)이 드리퍼의 아래쪽에만 있는 경우가 아니라면 일반적으로 추출은 커피가루 윗면을 제외하고 사방에서 고르게 이루어져야 한다. 그래야 해당 커피가 가지고 있는 향미성분들을 고르게 뽑아낼 수 있기 때문이다. 추출이란 결국 커피의 본성과 본심을 이끌어내는 작업이다.

다시 강조하지만 주전자를 잡는 손에는 힘이 들어가지 않아야 한다. 주전자를 돌리는 축은 어깨이다. 물줄기는 가볍고 부드럽게 하여 커피를 밀듯이 추출을 하는 것이 좋다.

마지막으로 거품에 대하여 이야기해보자. 추출할 때 드리퍼 상단에 나타나는 거품은 있을 수도 있고 없을 수도 있다. 거품이 발생되는 현상이 있어야 맛있는 커피이고, 맛있게 추출되는 것은 아니다.

추출강좌에서는 이 거품을 중요시한다. 거품을 잘 살피고 주의해서 추출해야 한다고 말한다. 일반적으로 추출할 때 발생되는 거품이 커피와 함께 추출되는 건 바람직하지 않다고 알려져 있다. 풍미를 더하기도 하지만, 잡미의 원인이 되기도 하기 때문이다. 따라서 거품은 드리퍼 안이나 커피 표면에서 일어났다가 가라앉도록 한다. 결국 커피알갱이 상단이 거품으로 가득 덮인 상태일 때 맛있게 추출되었다고 가정해볼 수 있다. 이 가정을 확인하기 위해서는 물론 맛을 봐야 한다. 하지만, 추출을 많이 해본 경험자들은 대개 추출과정에서 맛과 향의 예측이 가능하다.

추출 시 거품이 일어나지 않는 현상은 2가지 원인 때문이다. 물의 세기가 강하여 잡맛이 추출되어질 확률이 높은 상태이거나 가스가 완전히 제거된 커피를 추출한 경우가 그것이다. 간혹 드리퍼 필터의 가장자리에 커피가 두껍게 남아 있는 경우가 있다. 이런 상태에서 거품이 부족하면 추출이 덜 된 커피가 남아 있다고 볼 수도 있을 것이다. 얼핏 아깝게 여겨지기도 하지만 추출수율은 꼭 정해진 것은 아니므로 각자의 방법대로 추출하는 것이 좋겠다.

1.4 물줄기는 가늘게 유지하는 것이 좋을까

커피를 많이 추출해보지 않은 사람들에게 물줄기의 각도를 90도로 유지하도록 설명하였다. 이유는 물줄기를 가늘게 유지하기 위해서이다. 물줄기를 왜 가늘게 하여야 할까. 90도를 유지하면 주둥이를 통과하는 물줄기의 압력이 줄어든다. 이렇게 하는 이유는 물줄기를 부드럽게 흐르도록 유도하기 위함이다.

물줄기는 반드시 90도의 각도로 가늘고 일정하게 유지시켜야 할까. 매사가 그러하듯 이 역시 절대불변의 법칙은 아니다. 사실, 숙달된 추출자에게도 정확하게 90도를 유지하면서 추출을 진행하기란 생각처럼 쉬운 일이 아니다. 특히 주문메뉴가 밀려서 빠르게 대응해야 하는 경우에는 더욱 그렇다. 매장에서는 드립커피 역시 스피드가 생명이다. 커피 한 잔을 만들기에 충분한 수율도 고려해야 한다. 수율은 커피 매장에서 가성비와 연관된다. 그래서 커피를 판매하는 매장들은 대개 그들만의 추출법과 레시피를 만든다.

만약 90도를 유지하는 것이 아니라면 어떻게 물을 주입해야 할까. 물줄기가 다소 굵어도 한 번 붓는 물의 양이 적당하다면 괜찮다. 이는 물줄기가 너무 가늘어 압이 강한 물이 형성되는 것보다는 낫다. 물이 실크같이 가볍고 부드럽게 커피알갱이에 주입되도록 한다.

가늘고 압력이 센 물줄기가 커피가루에 닿으면서 주변의 공기도 같이 섞여서 주입된다. 마치 폭포 아래 물이 혼란스러운 것과 같은 이치이다. 물줄기가 너무 강하고 빠르게 주입되면 커피물질의 확산 없이 드리퍼를 통과하게 될 수도 있다. 또한 물이 너무 세게 주입되면 커피층이 뒤집힐 수도 있다. 이럴 경우에는 쓴맛과 잡맛이 강한 커피를 맛보게 될 것이다.

결국 추출을 할 때에는 물을 가늘게 붓는 테크닉도 중요하지만, 천천히, 부드럽고 꼼꼼하게 운용하는 것이 더 중요하다. 마치 발라드를 한 곡 연주하는 느낌이랄까. 전체를 하나의 리듬감으로 일관되고 유연하게 이어가되, 분명하고 선명하게 템포를 조절하고 마무리를 해야 한다. 만약 당신이 초보자라면? 일단은 물줄기와 커피알갱이의 각을 90도로 유지하는 연습부터 시작하자. 그게 추출의 기본이다.

2. 추출기준을 설정하자

2.1 도구의 특징에 따라 추출하자

커피를 추출하는 도구는 1부에서 설명하였듯이 하단에 위치한 작은 구멍이 세 개 혹은 한 개가 있는 것과 커다란 구멍이 하나 있는 등 다양하다. 커피를 넣지 않은 상태에서 물을 부으면 추출구가 큰 것보다 작은 것이 느리게 떨어진다는 것을 알 수 있다. 도구에서 가장 큰 변수는 추출구의 크기이다. 도구의 추출구에 따라 커피알갱이의 크기나 물을 붓는 방식이 달라질 수 있다. 도구의 특징에 따라 추출방법도 약간씩 달라질 수 있다.

이런 특징을 고려하여 추출기준을 만들 드리퍼 하나를 선택한다. 커피알갱이의 크기를 정하고 물을 주입해본다. 추출이 끝나면 맛과 향을 점검하고 농도와 수율도 측정해보자. 본인의 기준에 맞게 추출되었다면 사용한 드리퍼에 대한 나만의 기준이 설정된 것이다. 물론 사용하는 커피가 달라지면 다시 추출기준을 세워야 하겠지만, 이 단락에서는 기본적인 추출방식과 원리에 주목하기로 하고, 커피에 따라 달라지는 변수는 생각하지 말자.

다음은 다른 드리퍼를 사용하여 추출을 해보자. 앞서 사용한 드리퍼와 비교하면서 해본다. 추출방법은 기준을 잡은 드리퍼와 동일하게 해본다. 이 때 사용하는 커피는 동일하여야 한다. 같은 커피로 해야 도구마다 커피알갱이의 크기나 추출속도 등이 다르다는 것을 쉽게 이해할 수 있기 때문이다.

나만의 추출 기준을 설정하기 위해서는 이론적 배경과 도구들의 특징을 파악하는 것이 우선이다. 처음에는 무조건 따라하지만 원리가 이해되면 본인의 기준을 만들 수 있다. 나만의 기준을 만드는 것은 중요하다. 이유는 재료가 다양해지면 추출의 결과도 같지 않기 때문이다. 기본원리는 변하지 않지만 기준은 사람마다 다를 수 있다. 나만의 기준이 다른 사람의 기준과 같거나 다를 수 있다. 따라서 다른 사람의 추출 방법도 참고로 수용해보자.

2.2 분쇄정도를 조절하면서 추출하자

커피알갱이의 크기를 다양하게 변경하며 연습하는 것은 나에게 맞는 추출을 찾는 방법으로 가장 좋다. 책이나 동영상에서 알려주는 방법으로 하면 굵기를 확인할 수 없기 때문에 추출시간이 빠르거나 느려질 수 있다.

이 단락에서 권유할 추출방법은 분쇄입자를 다양하게 해보라는 것이다. 커피추출에 대한 교육을 하면서 깨달은 것은 사람의 습관이나 성격을 바꾸기는 어렵다는 것이다. 특히 취미로 커피추출을 하는 경우 단순한 반복훈련은 지루해 하거나 흥미를 잃는 원인이 될 수 있다. 더욱이 기초훈련은 재미도 없다. 커피추출을 가장 즐겁게 익히는 길은 본인에 맞는 적정한 방법을 찾는 것이다.

예를 들어 추출시간을 기준으로 해보자. 도구 판매사 혹은 선배가 3분을 제시한다. 그런데 직접 추출해보니 시간이 3분보다 빠르게 되었다면 어떻게 해야 할까. 우선은 커피알갱이를 조금 더 가늘게 분쇄해 본다. 반대로 물을 주입하는 속도가 느린 사람이라면 조금 더 굵게 커피를 분쇄하여 연습을 한다. 어떤 경우든 커피알갱이 크기의 변화를 주면서 나에게 맞는 커피 분쇄정도를 찾아보자.

나의 추출에 잘 맞는 커피알갱이의 크기를 찾았다면 그 굵기를 잘 기억해 두어야 한다. 커피분쇄기의 숫자를 기억하면 안 된다. 숫자는 기준이 될 수 없다. 커피의 볶음정도에 따라 입자의 크기가 달라질 수 있기 때문이다. 커피콩의 강도가 다르면 그라인더의 숫자가 같더라도 알갱이의 크기는 달라진다. 그렇기 때문에 그라인더의 숫자가 아닌 알갱이의 크기를 기억해야 한다.

커피가루의 굵기가 다르면 추출되어지는 속도도 달라질 수 있다. 중력에 의해 아래로 추출되는 속도가 비슷하더라도 커피알갱이의 굵기가 다르면 고형물질의 양이 달라질 수 있다. 도구의 특성에 따른 변수도 존재한다. 이 때에도 분쇄커피의 굵기를 달리하면 같은 결과를 얻을 수 있다.

커피알갱이의 굵기가 같은 상태에서 여러 가지 기구를 사용해 보면, 각각의 특징이 많이 드러나게 된다. 결국 커피도구에 따라서도 커피알갱이의 굵기와 물을 붓는 양, 추출시간이 달라질 수 있다는 얘기다. 여러 가지 방법을 시도해본 후 각자에게 맞는 방법을 찾아야 한다.

2.3 물 붓는 양과 속도에 변화를 주자

앞서 본인에게 적합한 커피알갱이의 크기를 찾았다면 물 주입량을 다르게 하여 추출을 해보자. 커피알갱이의 크기와 사용량은 같은 상태에서 오로지 주입하는 물의 양만 다르게 해본다. 물 주입량이 달라지면 추출시간도 달라질 수 있다. 연습은 농도와 상관없이 같은 용량의 커피를 사용하여 한다.

몇 인분의 커피를 추출할 것인가에 따라 사용되는 커피 양도 달라진다. 만약 추출시간이 같다면, 커피의 양에 따라 커피알갱이의 크기 역시 달라져야 한다. 특히 소량의 커피를 추출할 때는 커피알갱이의 크기가 더 중요하다. 커피층의 깊이가 얕아 중력의 힘이 더 크게 작용되므로 충분한 수율이 확보될 확률은 낮아진다. 때문에 소량의 커피를 사용한다면 커피알갱이의 표면적을 넓혀 시간을 충분히 확보해야 한다.

농도가 진한 커피를 원하면 새로운 물을 조금씩 자주 주입하는 방법으로 해보자. 점진적으로 천천히 확산을 유도하기 위한 방법이다. 물 주입간격도 다양하게 해보자.

반대로 농도가 옅은 커피를 원한다면 물 주입을 연속으로 해본다. 이렇게 하면 연하면서도 맛있는 커피를 얻을 수 있다. 주의할 점은 물이 넘치지 않도록 해야 한다는 것이다. 커피의 추출농도 조절은 사용하는 커피의 양으로 할 수도 있지만 물 주입과 속도의 변화로도 할 수 있다.

2.4 볶음정도에 따라 추출도 달라지나?

결론부터 말하면 볶음정도에 따라 추출도 달라질 수 있다. 왜냐하면 볶음정도에 따라 추출수율이 달라지기 때문이다. 대체적으로 강하게 볶은 커피가 약하게 볶은 커피보다 추출수율이 높다. 강하게 볶은 커피는 맛과 향도 강하다. 그래서 약하게 볶은 커피를 진하게 추출해도 강볶음 커피보다 연하게 느껴지기도 한다.

쓴맛과 향이 강한 초강볶음의 커피는 조금 낮은 온도의 물을 사용하여 추출한다. 높은 온도의 물을 사용하면 쓴맛이 너무 많이 추출되므로 2-4℃ 낮은 온도에서 추출을 시작한다. 오히려 강하게 볶은 커피는 농도를 약하게 추출하는 것이 좋을 수 있다. 쌉쌀한 맛과 향이 적절하게 표현되어 부담없이 즐기기에 좋다. 반대로 약볶음의 커피가 맛이 시큼하다면 진하게 우린 후 물로 희석하여 숭늉처럼 마시면 좋다. 이렇게 하면 신맛이 도드라지지 않는 구수한 커피를 즐길 수 있다.

귀가 따갑도록 듣게 되는 말이지만, 커피는 기호식품이고 호불호의 영역이다. 사람마다 생활방식이 다르고, 추구하는 맛이나 취향이 다른 만큼 커피 역시 달라질 수밖에 없다. 각자가 선호하는 맛과 향을 선택하고, 그에 맞게 추출해서 즐기면 된다. 볶음정도에 따른 차이를 이해하자. 그러면 다양한 커피로의 여행이 시작된다.

3. 맛을 보면서 변수를 제어하자

3.1 농도가 진하거나 약하다면 수정은 어떻게 하나

커피를 추출했을 때 농도가 맞는지 어떻게 알 수 있을까. 선호하는 농도 역시 사람마다 다를 수 있다. 나에게 맞는 농도를 찾는 것이 중요하다. 농도를 다양하게 추출하여 동시에 맛을 비교해 보자.

비교를 하며 맛을 볼 때는 추출한 커피의 온도가 같은 것이 좋다. 만약 동시에 여러 커피를 추출할 수 없다면 온도를 최대한 비슷하게 맞추자. 인간의 감각은 온도가 달라지면 혼돈을 일으키기 때문에 비교가 어려워진다. 비교시음은 동시에 하는 것이 좋다. 따로 추출해 하나씩 점검할 경우 기억력에 문제가 생긴다. 혼선이 불가피해지고, 객관적인 판단도 어렵다. 동시에, 여러 개의 커피를, 일정한 온도에서 비교해 보자. 자신에게 맞는 맛과 향을 어렵지 않게 찾을 수 있을 것이다.

좋아하는 커피의 농도를 찾았지만 추출이 원하는 농도로 되지 않는다면 수정은 어떻게 해야 할까. 방법은 3가지이다. 첫 번째는 커피 사용량을 줄이거나 늘리는 방법이다. 두 번째는 물 주입량과 속도를 조절하는 방법이다. 커피의 양이 너무 작으면 물량과 속도를 조절하기가 쉽지 않다. 그래도 물량과 속도를 조절하고자 한다면 1인용에서 4인용까지 추출시간을 동일하게 해보자. 세 번째는 커피알갱이의 크기를 조절하는 방법이다. 커피알갱이의 크기를 달리하는 방법의 경우 물량이나 속도의 변화를 줄 필요는 없다.

커피를 처음 배웠을 당시에는 강하게 볶은 커피를 진한 농도로 즐겼다. 지금 생각해 보면 그렇게 배웠기 때문에 진한 농도가 정답이라고 생각했던 것 같다. 세월이 지나서 커피의 농도에 대한 비교시음을 할 기회가 생겼다. 이 때 농도가 높다고 맛있는 커피가 아니라는 사실을 깨달았다. 이후 커피를 너무 진하게 마시기보다는 적정한 커피의 농도를 찾아 마시기 시작했다.

커피가 너무 진하면 맛과 향이 응축되어 제대로 즐길 수 없다. 반면에 너무 약하면 풋내가 느껴진다. 농도가 서로 다른 커피들을 마셔보고 맛있는 포인트를 찾아보자. 농도를 비교하면서 적정한 농도의 맛있는 커피를 찾으면 된다. 하나의 커피를 다양한 농도로 추출하여 서로 비교해보자.

3.2 잡맛이 난다

처음 커피를 추출하거나 추출을 배웠어도 변형이 된 경우에는 잡맛이 추출될 수 있다. 정확하게 정의내릴 수는 없지만, 커피의 잡맛이란 결코 유쾌한 맛은 아니다. 먼지와 같은 향이 나거나 쓴맛, 떫은 맛, 텁텁한 맛, 큼큼한 맛이 느껴지는 커피를 누가 좋아 하겠는가.

잡맛이 나는 원인이 뭘까. 수용성 물질이 커피가루 전체에서 골고루 추출되는 것이 아니라 부분적으로 과하게 추출되는 경우 잡맛의 가능성은 커진다. 과소추출이거나 과다추출에서도 잡맛이 나올 수 있다. 물줄기가 너무 세거나 추출의 흐름이 빠르면 잡맛이 발생할 수 있다. 물이 아래로 흐르는 속도가 빠르면 커피와의 접촉시간이 짧다. 물이 도구를 바로 통과되면서 커피가 연해지는 원인이 된다. 과소추출은 종이향이나 너티(견과류의 껍질 같은)계열의 향이 나타나는 원인이 된다.

반면에 과다추출의 경우는 추출 시간이 길어지거나 추출 도중 일어날 수 있다. 쓴맛 등 유쾌하지 않은 물질까지 추출이 되는 것을 말한다. 과다추출과 과소추출은 커피추출에서 흔히 발생하는 문제이기도 하다. 2부에서 자세히 다루었기 때문에 여기에서는 이쯤에서 넘어가고자 한다.

앞서 말했듯이, 커피에서 잡맛이 나오지 않도록 하기 위해서는 부드러운 물줄기를 이용하여 매끈하게 추출해야 한다. 부드러운 물줄기는 물과 커피가 만나는 시간을 늘려주는 방편이다. 추출 시 일어나는 거품은 계속 새로운 물을 주입할 때마다 새로운 거품을 만들어 드리퍼의 물 표면에 유지되도록 한다.

잡맛을 제어하는 능력은 잡맛을 인지해야 할 수 있다. 잡맛을 모르면 수정도 할 수 없다. 커피의 잡맛을 이해하고 골라내기 위해서는 상당한 연습과 반복이 필요하다.

일반적으로 잡맛은 추출의 마지막에 나올 것이라고 예상을 한다. 하지만 처음부터 잡맛이 나올 수도 있다. 추출의 어느 부분에서 잡맛이 나오는지 점검 방법을 알아보자.

컵을 3-4개를 준비하고 추출을 시작한다. 각각의 컵을 순서대로 나열한 후 차례대로 드리퍼를 옮겨가면서 추출을 한다. 한 컵의 추출량은 100ml씩으로 한다. 순서대로 추출한 커피는 다음의 그림에서처럼 첫 번째가 가장 농도가 높고, 다음 순서로 농도가 점차적으로 낮아진다.

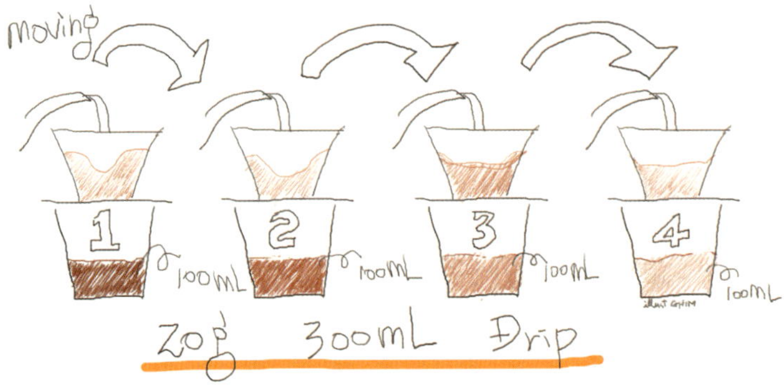

추출이 끝나면 컵마다 맛을 본다. 어느 컵에서 잡맛이 나는지 느껴보자. 만약 마지막 컵에서 잡맛이 난다면 추출을 제대로 하고 있다고 판단해도 된다. 마지막 컵 전에 추출을 멈추면 된다. 반면에 첫 번째 컵에서 잡맛이 난다면 주입되는 물의 강도와 주입방법을 점검해보자. 본인이 추출하는 장면을 녹화하여 확인하는 것도 좋다. 만약 초보자라면 선배나 다른 사람에게 점검을 받아볼 것을 권한다.

3.3 드리퍼 안의 커피알갱이들의 모양은 어떨까

추출을 하면서 우리는 드리퍼 안의 가루모양을 관찰하지 않는다. 어떤 모양일까. 추출이 거듭될수록 커피가루의 모양이 변하는 것을 볼 수 있다. 적심을 거쳐 물을 주입한 후에는 종이필터를 기준으로 커피가루가 같은 두께로 분포되어 있다. 추출할 때 서버(드리퍼 아래에 있는 유리포트 혹은 커피잔)로 내려가는 커피는 농도가 진한 상태로부터 점차 농도가 연해진다.

종이필터에 같은 두께로 붙어 있던 커피가루들은 추출이 계속되면서 아래로 축적된다. 필터의 위쪽 벽은 커피가루층의 두께가 점점 얇아진다. 추출이 다 되고 나면 도구(드리퍼) 안에 있는 커피알갱이는 수평에 가까운 모양이 된다. 그 위에 잔거품들이 잔뜩 덮여있는 상태이다. 이러한 모양이 형성되었다는 사실은 곧 추출수율을 충분히 끌어냈다는 것을 의미한다.

간혹 커피가루가 너무 많으면 원하는 양의 커피를 추출하였더라도 종이필터의 상단 벽에 커피알갱이가 두껍게 붙어있는 현상을 볼 수 있다. 대개의 경우 이는 수율이 낮게 추출된 상태라고 볼 수 있다.

추출을 완료한 드리퍼 안의 커피알갱이가 아래로 푹 꺼져 있는 경우도 보게 되는데, 이는 빠른 추출의 결과일 것이다. 추구하는 맛이나 상황에 따라 방법이 달라질 수 있는 만큼, 핸드드립의 다양성과 개성으로 이해된다.

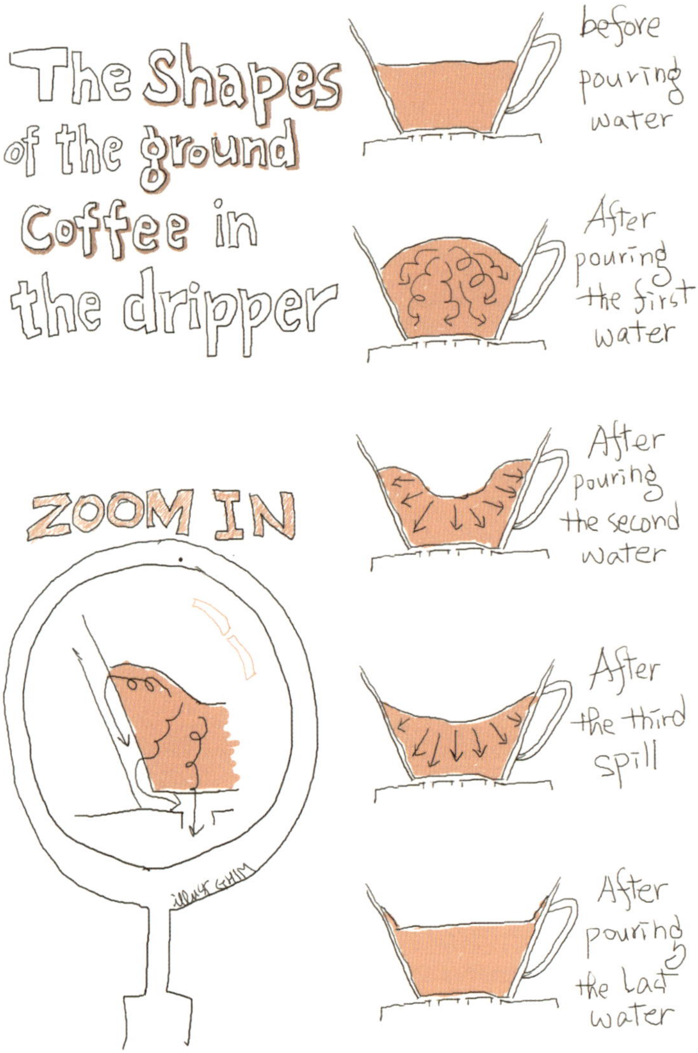
The Shapes of the ground Coffee in the dripper
before pouring water
After pouring the first water
After pouring the second water
After the third spill
After pouring the last water
ZOOM IN

3.4 추출 후 드리퍼 안의 콩가루의 모습은 어떨까

추출이 진행되는 중에는 굵은 커피알갱이들은 수면 위에 떠 있다. 왜냐하면 굵은 알갱이일수록 수용성 고형분이 배출되는데 시간이 걸린다. 알갱이들이 충분히 적셔지기 전까지는 가벼운 상태이기 때문이다.

추출이 끝나면 커피가루의 분포도는 어떤 모습일까. 가장 윗면에 거품과 체프들이 있을 것이다. 다음으로 제일 굵은 가루가 배치된다. 아래로 갈수록 가는 가루가 분포되어 있다. 만약 추출이 끝났는데 위 면에 진흙같이 고운 커피가루들이 분포되어 있다면 추출 시 너무 센 물이 주입된 결과일 것이다. 커피알갱이들을 뒤집어 놓은 것이라 할 수 있다.

4. 다양하게 추출해보자

다양한 변수에 대응하기 위해서 변형추출을 시도해보자. 변형 또는 응용추출은 여러 가지 변수에 대한 이해도를 높이는 방법이기도 하다. 추출을 할 때마다 조건이나 환경이 항상 같지는 않기 때문에 변수를 알고 대응할 필요가 생긴다. 커피가 품고 있는 가스의 유무에 의해 추출시간도 달라진다. 마치 햅쌀과 묵은쌀의 수분정도가 다른 것처럼 말이다. 물론 볶은 커피는 사용기간이 짧아 쌀과 비교도 안 되지만, 커피의 상태는 매일 바뀌고 있다.

무엇을 변형하여 추출연습을 해볼까. 같은 커피로 추출방법만 다르게 해보자. 커피도 다르고 방법도 달라지면 비교하기가 어려워진다. 방법은 3가지다. 첫 번째로 커피알갱이의 크기를 다르게 하여 맛과 향을 비교해 보는 것이다. 두 번째는 물 주입속도와 양을 조절하는 방법이다. 세 번째는 물 주입방법을 나선형이 아닌 꽃모양 등으로 해본다.

제시된 방법 3가지를 혼합하여 추출도 해보자. 위의 방법으로 추출이 자유자재로 되면 또 다른 변형을 시도해보자. 물의 온도변화, 도구의 종류에 따른 변수를 체크해 보자.

추출을 변형하여 연습하는 것이 중요한 이유는 변형되었을 때 나타나는 현상을 이해할 수 있기 때문이다. 추출 연습이 다양하게 반복되면 변형에 대한 현상을 이해하게 된다. 현상이 이해되면 원리가 몸에 체화될 수 있다. 이 방법은 나의 추출습성을 이해하게 되고 나만의 추출법을 만들어 낼 수 있다.

5. 나만의 추출법을 찾자

커피의 변수를 제어할 수 있는 능력이 되면 나만의 추출법을 찾을 수 있다. 나만의 추출법을 만들어내기 위해서는 무엇보다 나 자신을 잘 아는 것이 중요하다. 나만의 추출법은 추출원리를 충분히 알고 있어야 가능해진다. 원리를 바탕으로 해야 재료나 도구를 내 습성에 맞추어 선택하고 변형할 수 있기 때문이다. 먼저 제시된 변수들을 각자 적용해서 나만의 방법을 시도해보자. 매일 아침 나를 위한 커피를 직접 추출해 마시는 것도 재밌지 않을까.

6. 브루잉 머신과 대결해보면 어떨까

이제 어느 정도 커피를 추출할 수 있게 되었다면 재미있는 실험을 해보자. 브루잉머신(우리나라에서는 커피메이커)과 추출대결을 하여 맛과 향을 비교해보는 것이다. 기계와 나와의 추출에서 어느 쪽이 맛이 있는지 실험 아닌 실험을 해보자. 방법은 같은 커피, 같은 양의 커피로 각각(기계와 나의 손) 추출하여 맛과 향을 비교해보는 것이다.

어느 쪽이 맛이 있는지 꼭 가릴 필요는 없다. 다만 추출된 결과물의 비교를 통하여 각각의 특징을 가려보자는 것이다. 그러면 각 추출의 원리를 이해할 수 있고, 부족한 부분을 보완하는 데에도 도움이 될 수 있다.

기계와 나의 추출방법의 차이를 알면 맛의 차이를 이해

하는데 도움이 된다. 기계의 추출방식은 물의 온도를 떨어뜨리지 않는 방법으로 고정식 물 주입방법이다. 직접 손으로 추출하는 드립방식은 추출하는 동안 물의 온도가 다소 떨어진다. 또한 물 주입형태도 고정식과 이동식으로 다르고, 주입간격에도 차이가 있다. 때문에 이 두 가지 추출방법을 통한 커피의 맛과 향, 형태는 당연히 다를 수밖에 없다.

추출하는 동안 물의 온도가 떨어진다고 맛과 향이 부족할 것이라고 단정 지을 수는 없다. 하지만 방법에 따라 장단점이 있으므로 이를 이용한다면 커피를 다양하게 즐길 수 있지 않을까.

4부

실습

훈련방법

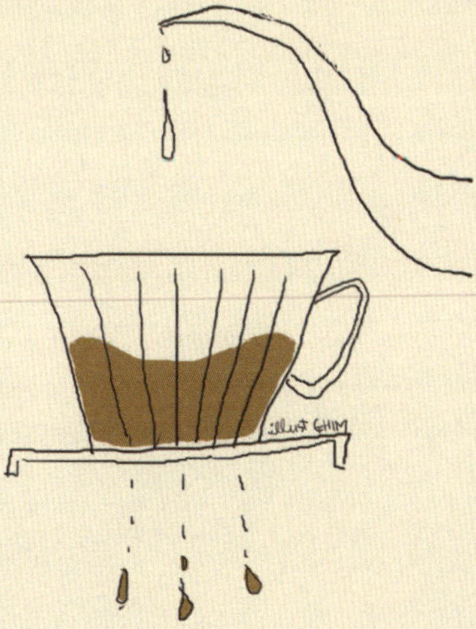

반복훈련

기술을 습득하기 위해서는 반복 훈련이 필요하다. 기술이 전문화될수록 중요한 것은 기본이라는 것을 잊지 말자. 몸에 익숙해질 때까지 계속 반복하여 연습하자.

이런 취지에 따라 이 장에서는 지금까지 설명하고 강조했던 내용들 중 반복연습이 필요한 핵심요소 3가지와 그 체화과정에 대해 요약정리를 하고자 한다. 이를 토대로 실제로 반복연습과 훈련을 하면 브루잉 기술을 익히고 체득하는데 도움이 될 것이다.

교재를 통한 이론과 설명은 어디까지나 방향과 방법을 알려주는 나침반에 불과하다. 그 과정을 통해 원리를 이해하고 방법을 깨달았다면, 다음은 스스로 해봄으로써 현실적인 어려움과 장단점을 직접 파악해야 한다. 이를 통해 우리는 커피의 실체에 한걸음 더 다가갈 수 있고, 그 무궁무진한 가능성과 확장성의 세계를 조금 더 쉽게 이해할 수 있다.

자, 그럼 이제부터 다음 몇 단계의 실습과정에 들어가 보자. 앞에서 강사가 얘기한다고 생각하고, 동영상 보듯이 따라서 하면 된다.

1) 물주전자는 맷돌의 손잡이를 돌리듯이 한다.

맷돌을 돌릴 때 돌리는 중심은 어깨이다. 어깨를 중심으로 회전시키는 것이 손목을 보호하고 주전자의 흔들림이 적고 안정적이다. 팔 전체를 사용하기 때문에 몸에 무리도 적다. 또한 주전자를 잡는 손과 팔은 힘을 뺀다. 손잡이를 힘 있게 잡고 물을 주입하면 몸이 흔들리고 자연스럽지 못하기 때문이다.

Turn the water in a overlapping way

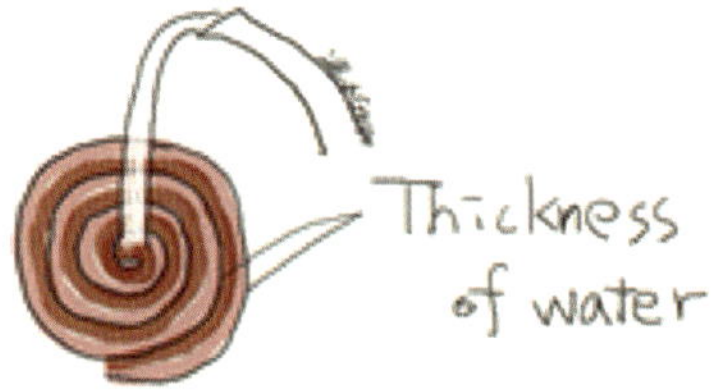

2) 물 주입 시 겹치듯이 나선형으로 그린다.

물을 주입할 때 나선형을 그리는데 선을 겹치듯이 그린다. 왜냐하면 틈이 없이 꼼꼼하게 선을 그리라고 하지만 대부분 듬성듬성 그릴 수 있기 때문이다. 또한 추출된 입자들의 경로는 종이필터의 옆면과 아래쪽이다. 원활한 추출이 되기 위해서는 드리퍼로부터 커피알갱이들의 분포되는 두께가 고르게 유지되어야 한다.

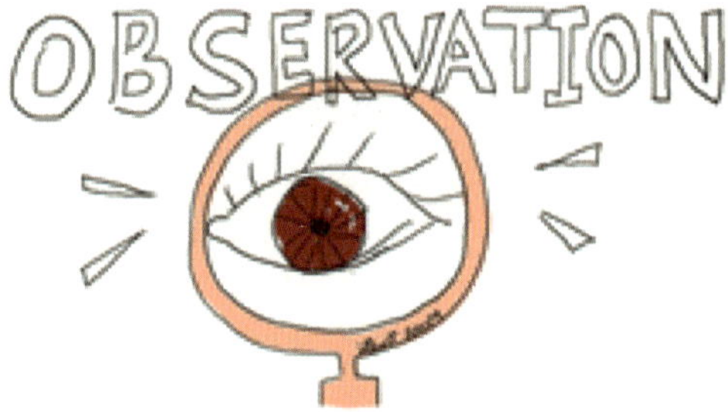

3) 추출 과정에서 전체를 보는 연습

경험이 부족한 사람들이 추출을 할 때 시선이 드리퍼 안의 물이 나오는 주전자의 주둥이에 고정되어 있는 경우가 있다. 간혹 나선형을 그리는 주전자의 흐름을 몸이 따라가듯 몸이 흔들리고 있는 것을 볼 수 있다. 이는 무엇을 관찰하느냐에 따라 달라질 수 있다.

추출하는 도중 시선은 전체를 보면서 부분을 보는 것이다. 전체를 보는 이유는 물이 주입되면서 드리퍼 아래의 포트에 어떤 농도의 커피물이 추출되는지를 살피고 양을 조절하기 위해서이다. 부분을 보는 것은 드리퍼 안의 물 주입과정에서 일어나는 현상을 살피는 것이다. 어느 것 하나 중요하지 않은 것이 없다.

전체와 부분을 번갈아가면서 관찰하기 위해서는 특히 몸의 중심이 흔들리지 않아야 한다. 대체로 사람들은 시선을 옮기면 시선이 머물지 않는 몸의 일부가 흔들릴 수 있다. 물 주입과 결과물을 같이 관찰해야 추출을 제어할 수 있고 좋은 커피를 만들 수 있는 것이다.

체화훈련

몸으로 하는 훈련이 반복되면 체화된다. 체화는 어떤 일을 생각하지 않아도 몸이 저절로 할 수 있게 만드는 것을 일컫는다. 예를 들면 입 안에서 혀나 입 안을 씹지 않고 음식을 먹을 수 있는 것, 익숙한 집에서 보지 않고 전등의 스위치를 손으로만 찾을 수 있는 것 등은 체화의 결과이다.

기본기술은 같은 동작을 반복하는 데에서부터 출발한다. 익숙해지고 실수하지 않을 때까지 계속 반복해서 연습하는 것이다. 이 때는 기본적인 동작을 충실히 반영하고 이행하는 것이 중요하다. 그래야 원리를 이해할 수 있고, 변수에 대응할 수 있기 때문이다. 전문가는 기본을 거친 사람들이다.

볼펜으로 나선형 그리기

물을 나선형으로 주입할 때는 촘촘히 하라고 권장한 바 있다. 물을 촘촘히 붓기란 쉬운 일이 아니다. 드리퍼에 물을 주입하면 거품에 가려 물길의 형태를 제대로 볼 수가 없다. 그래서 본의 아니게 나선형이 촘촘하게 되지 않는다.

물을 이용하지 않고 이미지 트레이닝을 하면 어떨까. 이미지 트레이닝은 환경이 갖춰지지 않은 상황에서 훈련하는 방법이다. 볼펜이나 연필을 이용하여 종이에 촘촘하게 나선형을 그려보자. 별개의 행동으로 보이지만 추출할 때 영향을 미친다.

맛보기

커피를 추출한 후 가장 중요한 것은 맛을 보는 것이다. 아무리 자세가 좋아도 맛이 없다면 아무 소용없다. 맛보기는 무엇보다 중요한 훈련이다. 지속적인 연습이 필요하며 혼자하기보다는 여럿이 함께하는 것이 더 좋다. 맛은 주관적 판단에 의해 좌우되기 쉬운 영역이기 때문이다.

맛볼 커피가 많으면 배열순서에 의해 간섭이라는 오류를 범할 수 있다. 또한 감각은 순응으로 인하여 객관화하기 어렵다. 전문가가 되기 위해서는 스스로 객관화 훈련을 해야 한다. 좋은 것과 좋지 않은 것도 훈련을 통해 체득해야 한다. 만약 커피를 타인에게 제공하는 것이 아니라면 주관대로 해도 상관 없다. 그럼에도 불구하고 맛있는 커피 한 잔은 행복을 주기 때문에 훈련할 것을 권유한다.

추출도 다른 사람들과 같이 하면 좋다. 재료와 도구, 방법을 똑같이 하더라도 사람마다 방식이 다를 수 있기 때문이다. 추출방법도 비교하고 맛도 비교하면 서로에게 도움이 될 것이다. 그것은 커피의 세계에 좀 더 빨리, 가까이 다가갈 수 있는 가장 효과적인 방법이기도 하다.

부록

못다한 이야기

커피에 관한 속설들

1. 추출 시 높게 부풀어 오를수록 좋은가?

커피를 추출할 때 첫 번째 물 주입 후, 커피알갱이의 표면층이 부풀어 오른다. 부풀어 오르는 원인은 커피 내부의 기공 속에 갇혀있던 가스 때문이다. 물보다 가벼운 가스가 공기 중으로 휘발하려는 현상이다. 드리퍼 윗면에 일부 커피알갱이들이 물과 함께 가스의 휘발을 막고 있기 때문에 부푼 모양새가 된다. 다음 물이 주입되면서 표면의 물 층에 갇혀있던 가스는 일부 휘발하지 못하고 커피와 함께 추출되기도 한다. 가끔 신선한 커피를 추출해서 마시다보면 탄산을 마시는 듯 청량감도 느껴진다.

참고로 가스는 커피를 볶을 때 발생한다. 일반적으로 볶은 후 일부 탈기과정을 거쳐 포장한다. 가스의 방출은 커피를 볶은 직후부터 지속적으로 일어난다. 가스가 완전히 빠져나가는 기간은 볶는 방법과 볶음정도에 따라 다를 수 있다.

그렇다면 추출할 때 커피알갱이의 표면이 부풀어 오르는 것이 좋은 걸까? 간단하게 답한다면 꼭 좋다고만 말할 수 없다. 커피에 가스가 너무 많이 남아 있는 상태라면 부풀어 오름이 과하게 나타난다. 가스에서 느껴지는 스모크와 씁쓸한

맛이 나올 수 있다. 가스는 추출하는 데에도 방해요소로 작용한다. 너무 많으면 오히려 안 좋다. 추출수율만 생각한다면 가스가 전혀 없는 편이 좋다. 방해되는 요소가 없기 때문에 수율을 충분히 확보할 수 있다.

반대로 가스가 전혀 없는 커피의 문제는 무엇일까. 가스가 빠진 기공에 산소나 습기가 흡수될 수 있다. 산소와 습기는 커피에 치명적이다. 산화와 산패가 진행될 수 있기 때문이다.

결론은 추출할 때 부풀어 오르지 않는 커피가 반드시 맛없는 커피라고 단정을 짓지 않는 것이 좋다. 맛없는 커피가 될 확률이 높을 수는 있겠다.

2. 인스턴트커피와 원두커피는 다른가

원두커피와 인스턴트커피는 다르다고 생각할 수 있다. 이유는 최종 제품의 활용도가 다르기 때문이다. 인스턴트커피는 원두커피를 추출한 후 물을 증발시키고 남은 고형물이다. 커피 15g 을 드립으로 커피 한 컵(머그, 300cc)을 추출해보자. 커피의 수분을 충분히 날리고 나면 미세한 가루가 남는다. 이 가루의 무게를 측정하면 약 2-3g 정도이다. 이 가루가 바로 인스턴트커피다. 반대로 이렇게 잘 말린 커피 가루에 물을 부으면 우리가 흔히 마시는 커피가 된다.

다시 말하면 원두커피를 추출한 후 물을 제거한 제품이 인스턴트커피인 것이다. 물 제거하는 과정을 어떤 방식을 선택하였느냐에 따라 결과물도 다르다. 응집방법으로 건조하면 덩어리 형태가 되고, 스프레이 건조법으로 만들면 파우더, 급속 냉동드라이 공법을 적용하면 그래뉼 형태가 된다.

인스턴트커피는 원두커피에 비해 간편하게 즐길 수 있는 장점이 있다. 그러나 물을 제거하는 과정에서 향이 사라질 수 있는 단점도 있다.

3. 인스턴트커피 추출온도는 왜 높은가

제조과정에서 생두를 볶아 분쇄한 커피는 공기와 가스 등을 완전히 제거하고 일부 미리 적셔 놓아 최적의 추출을 할 수 있도록 준비하기도 한다(덴마크 인스턴트커피 가공장비 제조업체에서 강조). 이 과정에서 휘발성 화합물(이후 향으로 지칭)이 손실된다. 손실된 향은 포집기계를 이용하여 포집하기도 한다. 인스턴트커피가 완성되는 단계에서 포집된 향을 첨가하기도 하고 일부 인공적인 커피향이 이용되기도 한다.

인스턴트커피를 위한 추출은 흔히 커피전문점이나 가정에서 추출하는 물의 온도와는 많이 다르다. 물 온도 100℃이상에서 커피를 추출하면 최대 수율 30% 정도까지 끌어낼 수도 있다. 만약 180℃의 온도에서 추출을 할 경우 추가로 10-20%의 수율이 높아질 수 있다.

높은 온도를 사용해 추출하는 기술로 특허를 획득한 네슬레에서는 3단계 추출절차를 거쳐 커피의 고형성분을 추출한다. 첫 번째는 80–160℃에서 추출하고, 두 번째는 160-190℃에서 2차 수용액을 처리한 후 배수한 다음 160–220℃에서 1분-15분가량의 열가수분해를 통해 추출력을 높인다. 그 다음 세 번째로는 170–195℃에서 3차 추출액을 사용하여 가용 고형물을 가수분해하여 추가로 추출한다.

이러한 사실로 볼 때 우리가 생각하는 추출과 개념이 많이 다르다는 것을 알 수 있다. 커피가 가지고 있는 거의 모든 고형물과 향미성분을 최대한 뽑아낸 것이 인스턴트이다.

4. 디카페인커피는 어떻게 만들어지나

디카페인커피는 볶지 않은 커피(생두)에서 카페인 성분만 제거한 것이다. 자연적으로 제거되는 시스템이 아니기 때문에 디카페인 생두는 색이 약간 어둡다.

공정은 크게 2가지로 분류된다. 하나는 물을 이용하는 방법이고, 다른 하나는 이산화탄소를 이용하는 방법이다. 이산화탄소는 기체이기 때문에 물에 녹여 사용한다. 생두를 카페인 제거 전에 한번 세정한다. 다음 단계에서 강한 압력으로 물 혹은 이산화탄소가 녹아있는 물을 생두에 통과시킨다. 이 과정에서 카페인만 추출되는 것이다. 마지막 단계에서 기계를 이용하여 젖은 생두를 건조시킨다. 마지막 건조과정은 수확한 커피생두를 수세가공한 후 건조하는 것과 비슷하다.

카페인을 제거한 커피라도 완전한 디카페인커피는 아니다. 일부 미량이 남아 있는 경우도 있다. 카페인에 민감한 사람들도 커피를 즐길 수 있다는 면에서 반가운 공정이다. 그러나 카페인을 통해 잠을 깨려고 커피를 마시는 경우가 대부분이기 때문에 디카페인커피가 주류가 되기는 어려울 것이다. 디카페인커피를 파는 곳이 많지 않은 것도 이 때문이다.

5. 어떻게 추출하면 카페인이 적을까

추출은 온도가 높아지면 활발하게 이루어진다. 추출성분은 커피의 대부분인 향과 맛, 그리고 카페인이다. 카페인 역시 높은 온도에서 활발하게 추출된다.

온도가 낮으면 시간에 따라 추출되는 속도는 달라진다. 실온의 찬물을 이용할 경우 카페인은 소량 추출된다. 찬물은 커피의 수용성 물질도 용해되기 어렵기 때문에 추출시간이 길어진다. 물의 온도는 커피성분의 용해도와 비례관계에 있고 시간과는 반비례한다. 그렇기 때문에 찬물을 이용하더라도 오래 추출할 경우에는 추출시간이 길어짐에 따라 카페인 추출이 배제되기는 힘들다. 만약 찬물을 이용하여 1-2분대로 커피추출이 가능하다면 카페인은 크게 줄어들 수도 있을 것이다.

최근 국내에서 산소포화도를 높인 물이나, 다른 촉매제를 가미한 물 등으로 추출력을 높인 경우도 있는데, 이들의 경우는 카페인 성분이 적지 않은 것으로 파악되고 있다. 음파진동을 이용해 추출력을 극대화한 경우도 이와 크게 다르지 않을 것으로 판단된다.

6. 신맛이나 쓴맛만 빼고 추출할 수 있나

커피에서 어떤 특정한 맛과 향을 골라서 추출할 수 있을까? 커피의 실물은 고체이지만 우리가 다루는 것은 기체와 액체이다. 액체는 도구에 따라 형태가 변한다. 기체는 보이지도 않을 뿐만 아니라 잡을 수도 없다. 물의 온도를 조절하여 특정물질을 추출할 수 있다고 하지만, 과학적인 설명이 부족하고 실제 입증된 바도 없다.

다만 물의 온도를 낮추어 수용성 물질의 일부를 포기할 수는 있다. 물의 온도가 높을수록 더 많은 물질이 추출될 수도 있다. 쓴맛이 강한 커피는 쓴맛을 줄이기 위하여 물의 온도를 낮춘다. 뜨거운 물로 추출할 때보다 고형물질이 추출되는 것을 줄일 수 있기 때문이다.

추출은 커피의 볶음정도에 따라, 기호에 따라 선택하고 직접 경험하면 된다. 다른 사람의 기호에 나를 맞출 필요는 없다.

에필로그

'커피는 과학이다' 이와 같은 생각은 커피에 대한 공부를 하면서 점점 단단해졌다. 단순하게 커피를 마신다는 것만 생각하면 과학을 굳이 해야 하나 생각도 든다. 그러나 단순한 동작에도 원리가 있고 이유가 있다. 원리를 배제한 상태에서 커피를 추출한다면 단순한 동작, 습관적인 반복에 불과해진다.

커피 추출을 위한 연습은 단순하지만 꾸준히 해야 한다. 실력은 훈련의 연속에서 발전하고 내 것으로 만들어진다. 반복되는 연습을 통해 기본을 익히고 나면 응용은 자동적으로 이뤄지는 것이다.

이 책에 추출의 모든 이론과 실습과정을 담지는 못했다. 하지만 그 가이드로는 충분하다고 본다. 다른 추출서적들과 더불어 꼭 읽어야 하는 필독서로 사랑받기를 바란다.

참고서적

- 마크 미오도닉 "흐르는 것들의 과학" MID
- 제럴드 폴락 "물의 과학" 동아시아
- "EBS 중학 뉴런 과학 1,2,3" EBS
- 박재범 "핸드드립커피 마스터" 서울꼬뮨
- 최낙언 " 커피향의 비밀" 서울꼬뮨
- 김혜숙 "커피향을 만든다는 것" 서울꼬뮨
- 김혜숙 "김박의 커피다이제스트3: 로스팅" 서울꼬뮨
- BRITA FOLMER "THE CRAFT AND SCIENCE OF COFFEE" ACADEMIC PRESS
- Andrea Illy & Rinantonio Viani "ESPRESSO COFFEE: The science of quality"
- "The coffee brewing handbook" SCAA
- Macheal Sivetz, Norman W. Desrosier "Coffee Technology" AVI Publishing Company

김박의 커피다이제스트 ③

브루잉

초판 발행 | 2020년 12월 4일

지은이 | 김혜숙
펴낸이 | 문경라

편집기획 | 서울꼬뮨

펴낸곳 | 서울꼬뮨
등록번호 | 제 2005-000048호
등록일자 | 2005. 3. 17

서울시 서초구 동산로 71 마승빌딩 3층(우편번호 06781)
TEL : 02-579-4725 / FAX : 02-579-4729
E-mail : coffeentea@naver.com
Home Page : www.icoffeentea.com

책값은 표지에 있습니다.
ISBN 979-11-85060-19-4 13570